Eva Maria Leszner

Stickmuster-tücher

Mit drei großen Musterbögen

rosenheimer

*Ältestes erhaltenes Stickmustertuch, vermutlich deutsch,
1. Hälfte des 16. Jahrhunderts, Seide auf Leinen, Kreuzstich, doppelseitiger
italienischer Kreuzstich, Steppstich, Victoria and Albert Museum, London.*

Ein Wort zum Buch

Wie vieles andere aus früheren Jahrhunderten sind Stickmustertücher heute wertvolle Sammlerstücke. Darum liegt es nahe, über dieses Sammelgebiet, wie über Uhren, Puppen oder Schießscheiben, ein mit vielen Bildern und Beispielen geschmücktes Buch zu gestalten: zur Freude der Sammler und vor allem auch zur Freude all derer, die sich eine solche Sammlung »nur auf dem Papier« leisten können. Denn wie so viele Sammelobjekte sind alte Stickmustertücher heute für die Mehrzahl unerschwinglich geworden.

An so ein Buch hatte ich gedacht, und ich war meinem Verleger zuerst ein wenig böse, als er es nur mit Musterzeichnungen zum Nachsticken drucken wollte. Denn es gibt so viele schöne Mustertücher, die bisher weder gezeigt noch veröffentlicht worden sind. Wie sollte ich da einen Einblick in die Vielfalt der Motive und des Mustertuchaufbaus geben, wenn ich einen Teil der zur Verfügung stehenden Seiten an Musterzeichnungen würde »verschwenden« müssen?

Heute bin ich froh über diese Entscheidung. Das Faszinierende an Stickmustertüchern ist nämlich, daß sie viel mehr sind als reine Antiquitäten. Sie haben nicht nur einen nostalgischen, sondern auch einen *lebendigen* Gebrauchswert. Sie sind dafür gemacht worden, kopiert zu werden. Sie sind, was ihr holländischer Name besagt, »Merklappen« — wenn man so will, gestickte Notizzettel. Und da Stickmuster nicht wie technische Gebrauchsanweisungen mit der Zeit veralten, können und sollten wir sie heute noch wie damals verwenden. Darum hatte auch mein Verleger recht, als er auf Musterzeichnungen bestand: Stickmustertücher, die man nicht nachsticken kann, verlieren ihre Lebendigkeit, und das wäre in der Tat schade.

Die alten Sticktücher sind die eigentliche Vorlage, die Musterzeichnungen nur eine Art Vergrößerungsglas zur Erleichterung des Abzählens. Aber genau wie die Stickerin für ihr Sticktuch nach Belieben Motive gleicher oder verschiedener Herkunft ausgewählt, kopiert und neu zusammengestellt hat, so sind die hier abgebildeten Zeichnungen außerdem auch *neue* Mustersammlungen in der Tradition der Kreuzstichstickerei.

*

Dies ist aber auch ein Buch für den, der nur schauen und bewundern will. »Stickmustertücher sind keine Kunstwerke, aber wenn eine gute Schülerin mit einer guten Lehrerin zusammentrifft, so haben sie ihren eigenen, bezaubernden Charme«, wie ein englischer Autor einmal sagte.

Ich glaube, es bedarf gar nicht einer Unmenge von Beispielen, um die Schönheit und den Charme der überlieferten Stickkunst zu erfassen; diese kleine Sammlung reicht dazu schon aus: Aber schauen Sie selbst! Bewundern Sie die Motive und vergessen Sie nicht, auf die Details zu achten, denn Charme drückt sich ja oft gerade in Kleinigkeiten aus, und das gilt, so meine ich, besonders bei Stickmustertüchern.

Vom Üben und Sammeln

Stickmustertücher in vier Jahrhunderten

Das jüngste der in diesem Buch gezeigten Mustertücher ist jetzt gerade hundert Jahre alt, das älteste wurde vor mehr als vierhundert Jahren gestickt. In den dreihundert Jahren, die dazwischen liegen, wurden überall in Europa Namenstücher, Merklappen, Sampler, Letterndocks, Modeltücher und wie diese gestickten Mustersammlungen noch genannt werden, gestickt.

Erfunden hat man die Stickmustertücher aber nicht in Europa. Wie fast alle Textiltechniken, sei es Weben, Drucken oder Sticken, so kommen auch die Mustertücher aus dem Orient und sind wahrscheinlich über den Seeweg nach Europa gelangt. Daß das älteste überlieferte Beispiel (S. 4) ein deutsches Tuch ist, ist Zufall, denn man weiß aus Haushaltsbüchern und Gemälden, daß zur gleichen Zeit auch in den Niederlanden, in England, Spanien und Italien Mustertücher gearbeitet wurden.

Wer aber hat die Mustertücher gestickt? Waren es die Nachfolger der mittelalterlichen Handwerker oder der klösterlichen Stickerinnen, die so überaus prunkvolle Stickereien gefertigt haben? Der erste einschlägige Hinweis findet sich bei Shakespeare im 1594 geschriebenen »Sommernachtstraum«:

> »... ist alles nun vergessen?
> die Schulgenossenschaft, die Kinderunschuld?
> Wie kunstbegabte Götter schufen wir
> mit unseren Nadeln eine Blume beide:
> auf einem Mustertuch und einem Sitz,
> ein Liedchen wirbelnd, beid in einem Tone...«
> *(Sommernachtstraum; 3. Akt, 2. Szene, Helena)*

Ganz recht, es waren Kinder und junge Mädchen im Alter von fünf bis fünfzehn Jahren, die den Schatz der überlieferten Stickmustertücher gearbeitet haben.

Dies wird immer wieder bezweifelt, um so mehr, je sauberer die Mustertücher gearbeitet sind. Es ist durchaus möglich, daß einige Mustertücher zuerst einmal »in Kladde« gestickt wurden, und daß das überlieferte Sticktuch eine »Reinschrift« ist. Wir müssen aber andererseits bedenken, daß in früheren Jahrhunderten harte Disziplin und Sorgfalt erfordernde Arbeit auch für Kinder gang und gäbe war. Damit verglichen war das Sticken eine Erholung, bei der man durchaus »ein Liedchen wirbeln« konnte. Bezeichnenderweise werden die Stickmustertücher grober, einfacher, »kindgemäßer«, als Mitte des 19. Jahrhunderts der Klassenunterricht nach behördlich festgesetztem Lehrplan eingeführt wird. (Vgl. S. 9 und S. 17 — beide Beispiele wurden von zehnjährigen Mädchen gestickt, das eine 1678, das andere 1858).

Stickmustertücher waren also zuerst einmal Lern- und Übungstücher für die

Stickstiche und für die Muster und Motive. Waren sie einmal fertiggestellt, so dienten sie als Mustersammlung für spätere Handarbeiten. Bis hinein in unser Jahrhundert wurden die Sticktücher von Generation zu Generation weitergereicht. Und so bildete sich in manchen Familien ein reicher Musterschatz.

Die eigenen und die überlieferten Stickmustertücher wurden in einigen Landstrichen gerahmt und als Wandschmuck benutzt. In Norddeutschland und den Niederlanden, wo die Mustertücher mit breiteren oder schmaleren Borten abgeschlossen wurden, waren die Stickbilder gleich fertig. In anderen Gegenden wurden sie im späten 18. und 19. Jahrhundert mit rosa Seidenbändchen eingefaßt (vgl. Titelbild).

Von Ofenkacheln und Modelbüchern

Die Herkunft der Motive

Die Vorstellung ist weit verbreitet, daß die Vorlagen zu den Motiven der Sticktücher aus jahrhundertealten regionalen Traditionen erwachsen sind. Das ist aber nicht richtig. Die Motive kommen aus verschiedenen Quellen, die aber in allen Teilen Europas gleichermaßen zu finden waren.

Zuerst sind da die Modelbücher zu nennen. 1523 druckte Johann Schönsperger in Augsburg sein »Furm oder Modelbüchlein«. Mit 24 Seiten Umfang war dies die erste Vorlagensammlung für Stickereien, der bald weitere folgten. Bis zum Jahre 1800 wurden an die zweihundert gedruckte Mustersammlungen mit überregionaler Verbreitung in Westeuropa gezählt. Als wichtigstes sei hier noch Johann Sibmachers »Schön neues Modelbuch« aus dem Jahre 1597 erwähnt. Diese Mustersammlung, als erste in Kupfer gestochen, erlebte viele Auflagen und wurde in Lyon, Venedig, Antwerpen und London nachgedruckt. Im süddeutschen Raum finden wir bis ins 19. Jahrhundert kaum ein Mustertuch, das nicht zumindest eine der Sibmacherschen Vorlagen benutzte.

Die Drucker haben die Stickvorlagen natürlich auch nicht selbst entworfen, sondern auf Vorlagen zurückgegriffen. Johann Schönsperger betrieb in Augsburg »ayn Buch-, Zwillich-, Leinwandt-, Wullener Tucher und Seidengewandt Druckerei«, als er sein erstes Modelbuch auflegte. Damit wird schnell deutlich, daß die Vorlagen für die Stickvorlagen im Stoffdruck zu finden sind. Die Zeugdrucker versuchten zur damaligen Zeit, mit ihren Druckstoffen einfache, »gängige« Webstoffe, italienische Seidenbrokate und orientalische Kattune zu imitieren.

Neben den speziell zum Nachsticken gedruckten Vorlagen dienten aber auch Buchillustrationen aus der Bibel, aus Tier und Meerwesenbeschreibungen, aus mittelalterlichen Bestiarien und Schulbüchern als Anregung, ebenso das Dekor für einfaches Gebrauchsgut wie die Delfter Kacheln mit ihren schönen Blumenmotiven.

Angesichts dieser Fülle von vorhandenen Motiven mag man sich fragen, wozu man überhaupt noch Mustertücher gestickt hat. Nun, die gedruckten Vorlagen waren zwar vorhanden, aber es dürfte, wenn überhaupt, nur sehr wenige Stickerinnen gegeben haben, die eine solche je zu Gesicht bekamen, und bei den Lehrerinnen dürfte es ähnlich gewesen sein. Die Bücher hatten sehr geringe Auflagen, vor allen Dingen aber waren sie unerschwinglich. Bei Buchillustrationen, Kachelmotiven und ähnlichen Vorlagen kam noch erschwerend hinzu, daß diese erst umgesetzt, das heißt auf Karopapier gezeichnet werden mußten, um nachstickbar zu werden. Ohne die Mustertücher hätten die Motive niemals jene Verbreitung gefunden, die wir anhand der überlieferten Stickereien feststellen können.

Hemden, Decken und Versehtücher

Die Sticharten und ihre Anwendung

Auf dem ersten überlieferten Mustertuch sind die Motive in Steppstich, aber vor allem in mehreren Varianten des Kreuzstichs gestickt. Daran hat sich nicht viel geändert, denn die weitaus größte Zahl der überlieferten Mustertücher ist in Kreuzstich bestickt. Das ist nicht verwunderlich, denn das aus heimischem Flachs gewebte Leinen war der ideale Stickgrund für die gezählten Kreuzstichmuster. Bis in unser Jahrhundert hinein wurden zumindest in bäuerlichen Gebieten die Bett- und Tischwäsche, fast alle Bekleidungsstücke, und was sonst noch an Tüchern im Haushalt gebraucht wurde, aus handgewebtem Leinen gefertigt.

Die Aussteuer war erst komplett, wenn die Wäsche *gezeichnet* war, das heißt, nach dem Einsticken der eigenen Initialen. Darin dokumentierte sich Besitzerstolz, es gab aber auch einen praktischen Grund: In Deutschland wurden die Wäschestücke nach dem Waschen auf einer großen Gemeinschaftswiese gebleicht. Die gezeichnete Wäsche ließ sich leichter wiederfinden. Von winzig kleinen Ornamenten, die als Abschluß an die Knopfleiste eines Hemdes gestickt wurden, bis zu breiten Schmuckborten in der Mitte von Tischdecken reichten die Möglichkeiten, die häuslichen Textilien über das bloße Zeichnen hinaus zu verzieren. Die Verwendung der Motive, die auf den Mustertüchern gesammelt waren, soll an drei Beispielen erläutert werden:

Auf dem Bettüberwurf aus dem alpenländischen Raum wurden die kleinen Vögelchen (Zeichnung S. 42) aus dem 1533 in Köln von Peter Quentell gedruckten Musterbuch entnommen. Das Einschlagtuch für ein Gebetbuch (Zeichnung auf dem

Rechte Seite: Die obere Bildreihe zeigt von links ein Einschlagtuch für eine Bibel, ein preußisches Schulsticktuch und ein Totenkissen mit Nadelspitze. Darunter ein alpenländischer Bettüberwurf und unten ein Kissenstreifen aus den Vierlanden.

ABCDEFGHIKLMNOPQRST
123456 UVWXYZ 78910.
Souvenir de l'Externat
des Ursulines de Berlin.
Cecilie Rocca.
1858.

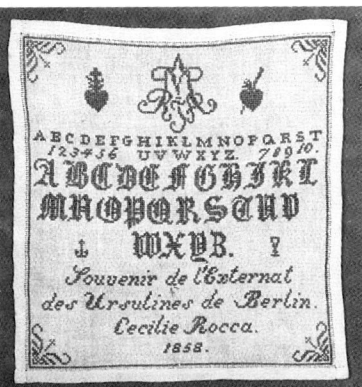

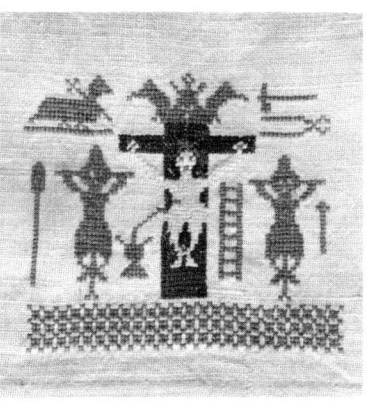

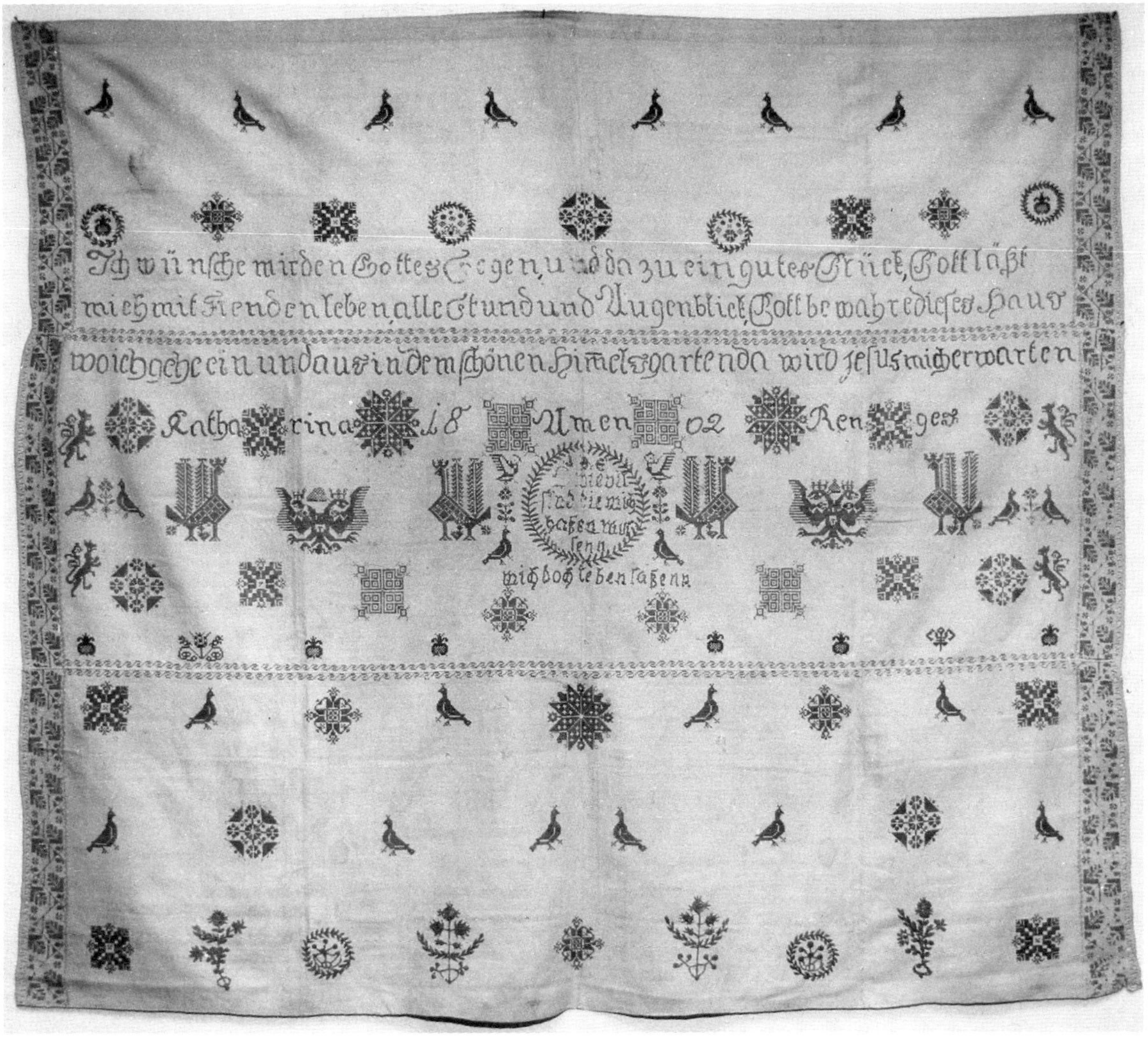

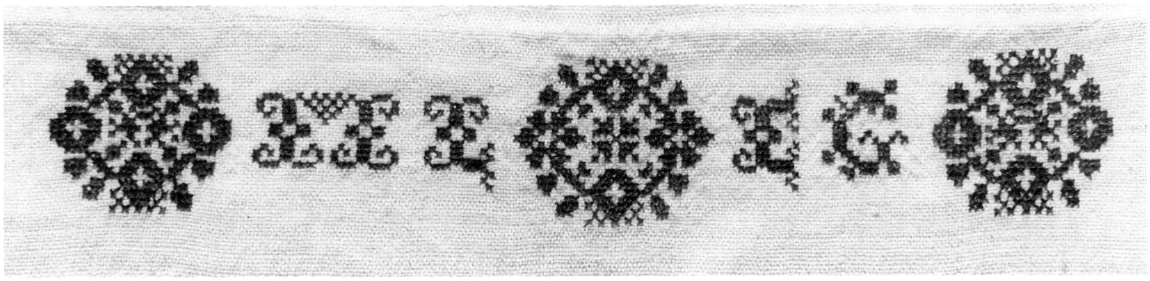

Vorsatzblatt) stammt von der Niederelbe. Es wurde in nur einer der Ecken mit einem Lebensbaum bestickt, wie er auf vielen norddeutschen Mustertüchern zu finden ist. Als drittes Beispiel ein Totenkissen – im süddeutschen Sprachraum Versehtuch genannt – ein schwarz gesticktes Kreuz, flankiert von blutroten Schächern – darüber das Lamm Gottes. Beispiele wie diese ließen sich in Fülle überall in Europa finden.

Auch wenn die Mustertücher oft vielfarbig bunt bestickt sind, so wurden die Motive, die auf die Gebrauchstextilien übernommen wurden, häufig nur einfarbig gearbeitet. Als Einzelfarbe ist dabei Rot bis auf wenige regionale Ausnahmen die am häufigsten verwandte Farbe.

In vielen Landstrichen wurden die Festtagstrachten, zumindest aber die atlasseidenen Schultertücher, mit bunten Mustern in Plattstich oder Sparstich verziert. Oft wurden sie von den Möbelvorlagen der ortsansässigen Schreiner oder, wie etwa die Muster der oberhessischen Weißstickerei, von gezeichneten, immer wieder kopierten Vorlagen durchgepaust. Auf Stickmustertüchern wurden sie nicht gesammelt. Das wäre auch wenig sinnvoll gewesen, denn während man ein Zählmuster wie den Kreuzstich unmittelbar von einer fertig gestickten Vorlage nachsticken kann, werden die nicht an das Gewebe gebundenen Stickereien auf dem Stoff aus der Hand vorgezeichnet oder von einer Vorlage durchgepaust.

Auf den Mustertüchern des 17. Jahrhunderts wurden mehrere Sticharten gleichzeitig verwandt. Neben Kreuzstich finden wir Plattstich, aber vor allem auch Lochstikkerei. Jede einzelne Stichart wurde in mehreren Varianten gestickt. Hier ging es wohl eher um das Üben und Ausprobieren der Stiche als um das Sammeln von Mustern.

In den beiden folgenden Jahrhunderten überwiegen die reinen Kreuzstichmustertücher. Seit Beginn des 19. Jahrhunderts werden zusätzlich ABC- und Monogramm-Mustertücher mit unterlegtem Plattstich, aber auch den anderen Zierstichen der Weißstickerei angefertigt. Außerdem gab es Hemdzwickel-, Knopfloch- und Stopfmustertücher, vereinzelt auch farbig unterlegte Hohlsaumsticktücher.

Mustertücher mit mehreren verschiedenen Sticharten wie im 17. Jahrhundert finden wir wieder vermehrt seit Beginn des 19. Jahrhunderts vor allem in Süddeutschland. Diese Mustertücher sind sehr stark von der Mode und vom jeweiligen Zeitgeschmack geprägt. Plattstichmotive konnten auf die seidenen Kleider und Blusen gestickt werden. Die Flächenmuster fanden ihre Anwendung als Möbelbezugsstoff, Paravents, aber auch für Täschchen, Etuis und ähnliche Kleinigkeiten. Als »standesgemäßer« Zeitvertreib wurden sie vor allem von den Damen des Bürgertums in den Städten gestickt. Für diese Damen wurde wohl auch 1795 von Johann Friedrich Netto das »Zeichen-Maler und Stickerbuch zur Selbstbelehrung der Damen« in Leipzig gedruckt, eine Mustersammlung mit kolorierten Blättern und zusätzlichen Seiten zum Durchpausen, der gegen Aufpreis ein mit Seide gesticktes Mustertuch beigelegt wurde – »so schön wie es die Lyoner Seidensticker nicht besser machen könnten«.

In den Musterzeichnungen habe ich mich auf Kreuzstichmuster beschränkt. Einmal, weil der überwiegende Teil der überlieferten Stickmustertücher in Kreuzstich gestickt ist, zum anderen, weil es Stickmustersammeltücher nur für zählbare Muster geben kann und schließlich, und das ist für mich vielleicht sogar das wichtigste, weil mir der strenge volkskunstartige Stil gefällt, der sich durch die – richtig angewandte – Sticktechnik ergibt, durch die Gebundenheit an den Stickgrund und durch die Einbeziehung des Stickgrundes in das Muster: Eine Sticktechnik, die kurzlebige Modeerscheinungen nicht mitgemacht hat, und in der überlieferte Formen über Jahrhunderte erhalten blieben und auch heute noch Bestand haben.

Blumen, Vögel, Osterlamm

Regionale Besonderheiten

Die Motive, die auf die Stickmustertücher gestickt wurden, lassen sich überall in Europa auf gleiche Vorlagen zurückverfolgen. Die regionalen Unterschiede liegen in der Gestaltung der Mustertücher: in der Größe und im Format, in der Auswahl, der Zusammenstellung und vor allem in der Anordnung der Motive.

Einer der Hauptgründe dafür, daß sich an verschiedenen Orten bestimmte unterschiedliche Formen herausgebildet haben, liegt an den unterschiedlichen Schulsystemen. Die Geschichte des Handarbeitsunterrichts ist immer auch eine Geschichte des Stickmustertuchs. Einiges zu diesem Thema findet sich in den Literaturangaben. Betrachten wir statt dessen die Mustertücher.

In Italien gibt es kaum Kreuzstichmustertücher, und auch aus Frankreich sind keine überliefert. In der Slowakei wurden die Trachtenblusen mit wunderschönen Kreuzstichborten und -ornamenten geschmückt. Trotzdem kenne ich auch hier keine Mustertücher. Es wurde wohl gleich »am Objekt« geübt.

England – und in ihrer angelsächsischen Tradition auch die USA – haben einen reichen Schatz an überlieferten Mustertüchern. Seit Beginn des 18. Jahrhunderts entwickelten sie sich dort zu Wandbildern, zu gestickten Bilderbögen mit – meist frommen – Sprüchen in der Mitte. Über sie zu berichten, würde ein eigenes Buch füllen, darum habe ich sie hier ausgeklammert und beschränke mich auf drei Gebiete: die Niederlande, Schleswig-Holstein/Jütland und den süddeutschen Raum.

Blumen aus Amsterdam

Die niederländischen Mustertücher sind Kreuzstichmustertücher. Sie wurden mit Seide oder Leinengarn auf Leinen gestickt. Früher als in anderen europäischen Ländern kamen hier, bedingt durch den regen Handel mit indischen Kattunen, auf Baumwolle gestickte Mustertücher hinzu. Mit Ausnahme der friesischen ABC-Tücher war das Format mehr breit als lang, in den Städten oft quadratisch.

Mustertücher mit frei gestreuten Motiven sind sehr selten. Auf dem überwiegenden Teil sind die Motive symmetrisch um eine senkrechte Mittelachse gespiegelt. Selbst wenn auf beiden Seiten der Mittelachse verschiedene Motive erscheinen, so sind sie so angeordnet, daß ein ruhiger Gesamteindruck entsteht. Die Mittelachse wird aus mehreren übereinanderliegenden, großen Motiven gebildet. Ein oder zwei weltliche, figürliche Darstellungen finden sich meist, christliche Motive fehlen fast ganz. Es überwiegen die strengen, den Delfter Kacheln entlehnten Blumenmotive.

Die farblich sehr dezenten Mustertücher (grün und beige-braun überwiegen) sind immer mit einer gestickten Randborte versehen. Alphabete sind kaum vorhanden – sie wurden auf gesonderte ABC-Tücher gestickt. Besonders reich geschmückte ABC-Tücher kommen aus Friesland. Die klaren Blockbuchstaben werden hier mit kleinen Ornamenten in Holbeinstich und Sternchenstich geschmückt.

Im Norden: bibelfeste Protestanten

Die norddeutschen Mustertücher haben als oberen Abschluß meist mehrzeilige Alphabet- und Zahlenreihen. Wie in Holland werden die Tücher mit einer umlaufenden Borte eingefaßt: auch die Formate, breite Rechtecke oder Quadrate, ähneln den niederländischen. Die Blumenvasenmotive scheinen von holländischen Mustertüchern abgestickt, tatsächlich dürften sie aber direkt von den Originalen, das heißt, den zu Tausenden importierten Kacheln, übernommen worden sein. Allerdings haben die Holländer z.B. die Deiche im Alten Land vor den Toren Hamburgs gebaut. Wer weiß, vielleicht brachten sie auch ein niederländisches Mustertuch in die Gegend.

Schon sehr früh gab es in vielen Gebieten des protestantischen Norddeutschlands die in den Kirchenordnungen nach der Reformation geforderten »Jongfern-Scholen«. Hier war der von der Frau Pastor abgehaltene Handarbeitsunterricht ein Hauptfach. Die enge Beziehung des Stickunterrichts zur Kirche erklärt die vielen religiösen Motive auf den Mustertüchern. Der protestantischen Lehre entsprechend, waren es vorwiegend Geschichten aus dem Alten Testament: Adam und Eva, Josuah und Kaleb, Jakob im Kampf mit dem Engel, Daniel in der Löwengrube, aber auch die Kreuzigungsszene und Jesus und die Samariterinnen am Brunnen. Hinzu kam eine Vielzahl von weltlichen Motiven aus der unmittelbaren Erfahrungswelt der Schülerinnen: Schiffe, Wasserträger, Dörfer oder Häuser und Möbelstücke.

Der Aufbau der Mustertücher ist in Norddeutschland immer gleich: die Alphabete am oberen Rand, unten ein meist bis zur Mitte des Tuches hinaufreichender Apfelbaum mit Adam und Eva, eine umlaufende Borte als Rahmen. Es gibt wenige Ausnahmen, zwei davon werden in diesem Buch gezeigt: ein Tuch aus den Vierlanden, wo die Mustertücher anders sind, und eins aus der Winser Elbmarsch (S. 36, 37).

Leuchtend bunte Farben geben den norddeutschen Mustertüchern ein fröhliches Aussehen. Trotz des eher starren Rahmens und der begrenzten Motivauswahl sind die niederdeutschen Sticktücher eine wahre Fundgrube.

Im Süden: Der heilige Georg und das Osterlamm

Auf den ersten Mustertüchern wurden die Motive ohne Raumaufteilung, wie es sich gerade ergab, auf den Stoff verteilt. Im 17. Jahrhundert ging man dazu über, diese in waagrechten Reihen anzuordnen. Dieses Prinzip wurde auf den schmalen länglichen Mustertüchern in Süddeutschland für Kreuzstichmustertücher beibehalten.

Meist sind oben in mehreren Reihen Alphabete angeordnet. Darunter bilden winzig kleine Kanten den oberen und unteren Rand für die in waagrechten Streifen nebeneinander angeordneten Einzelmotive – manchmal – wie's gerade kommt, einfach nebeneinandergestickt, manchmal, und das ist besonders schön, innerhalb der Reihe symmetrisch angeordnet. Das Überraschende bei den süddeutschen Kreuzstichmustertüchern: Die Motive sind immer gleich. Sie sind den Modelbüchern des 16. und des frühen 17. Jahrhunderts, allen voran den Sibmacherschen Vorlagen, genau nachgestickt.

Die Motive sind schnell aufgezählt: Im religiösen Bereich finden wir die Kreuzigung mit Maria und Johannes und den Leidenswerkzeugen, Adam und Eva, das Osterlamm mit der Siegesfahne (von Sibmacher) und den aus dem gleichen Modelbuch entnommenen heiligen Georg im Kampf mit dem Drachen.

Im weltlichen Bereich sind es Pfauen und Hirsche (beide Tiere gelten freilich oft auch als christliche Symbole: Der Hirsch symbolisiert Christus, der Pfau die Auferstehung) und das höfische Paar (wiederum nach Sibmacher), außerdem der den Lebensfaden spinnende Affe, den wir auch auf norddeutschen und niederländischen Mustertüchern finden (es ist eine Figur aus der »Verkehrten Welt« – einem Buch aus dem Mittelalter, in dem die Welt aus den Fugen ist, weil Gott nicht Ordnung hält), und aus der Arbeitswelt der Knecht und die Magd. Hinzu kommen einige bezaubernde, immer wiederkehrende Blumenornamente. Neben den zwar schönen, aber wegen der Gleichförmigkeit der Motive nicht sehr ergiebigen reinen Kreuzstichtüchern finden wir in Süddeutschland eine Fülle von Sticktüchern mit verschiedenen Sticharten: Mustertücher, auf denen fein gestickte Flächenornamente, gobelinartig ausgestickte, exotische Vögel und Blumen, aber auch Kreuzstichalphabete und andere Kreuzstichornamente vertreten sind.

Während die Kreuzstichornamente, zumindest im 18. Jahrhundert, noch den der Sticktechnik eigenen Volkskunstcharakter behalten, sind die in Plattstich gestickten Motive aus einer anderen, der »gebildeten« Welt. Die überlieferten Mustertücher sind daher eher dem städtischen als dem dörflich bäuerlichen Bereich zuzuordnen.

Ein schönes Beispiel für diese städtischen Mustertücher ist das Titelbild dieses Buches. Ist sie nicht schön, die saftige Wiese mit den blauen, weißen und gelben Blümchen, auf der das Osterlamm steht? Die Stiche sind so winzig, daß sie heute wohl kaum noch jemand nachsticken möchte. Auf eine »stickbare« Größe gebracht, würde dieses Plattstichmotiv viel von seinem Charme verlieren, (ein Grund mehr, nur die in jeder Größe gleich gut wirkenden Kreuzstichmotive in die Sammlung der Musterzeichnungen aufzunehmen).

Kolorierte Stickvorlagen

Klassenunterricht – das Ende einer Tradition

Zwei Entwicklungen, die auf den ersten Blick nur wenig miteinander zu tun haben, beenden in der Mitte des letzten Jahrhunderts die dreihundertjährige Geschichte der Kreuzstichmustertücher: die ungefähr 1850 einsetzende Vereinheitlichung des Handarbeitsunterrichts auf der einen Seite und seit 1840 der »flächendeckende« Vertrieb kolorierter Stickvorlagen in Massenauflage.

Mit der Einführung des Klassenunterrichts im Fach Handarbeiten wird das in der Schule gefertigte Kreuzstichmustertuch vereinheitlicht: Auf bereits gesäumten Stramintüchern werden mit türkischrotem Wollgarn, von wenigen, winzig kleinen Ornamenten und dem vollständig ausgeschriebenen Namen abgesehen, nurmehr Alphabete gestickt. Während in preußischen Schulen Plattstich und Buntstickerei als unnötiger Luxus angesehen und verboten werden, ist man in Süddeutschland nicht gar so streng. Dort waren aber die reinen Kreuzstichmustertücher längst von den in vielen Sticharten ausgeführten Musterbildern verdrängt worden.

Es ist verständlich, daß das Schwergewicht bei der schulischen Stickerei nur mehr auf der Arbeitstechnik und nicht mehr auf dem Überliefern von traditionellen Mustern und Motiven liegt; denn gedruckte Mustervorlagen waren inzwischen ein Massenartikel und für alle käuflich zu erwerben. Aus Berlin, der Metropole der Stickvorlagen, wurden 1840 schon 100 000 Exemplare jährlich verschickt.

Die im Zeitgeist des Biedermeiers gestalteten Stickvorlagen waren zum Teil sehr schön, für Tapisseriewaren mit voll ausgesticktem Hintergrund in Petit point hervorragend geeignet, als Vorlagen für Kreuzstichstickerei, bei der auch der nicht bestickte Hintergrund Teil des Musters ist, aber nicht geeignet.

1880 wurde auf Betreiben der Kunst- und Gewerbemuseen das zweite Sibmachersche Modellbuch als Faksimile wieder aufgelegt, um die damals bereits in Vergessenheit geratende Tradition der Kreuzstichstickerei wiederzubeleben. Andere Musterheftchen kamen hinzu. Gedruckte, für alle erschwingliche Stickvorlagen waren damit vorhanden – Sticktücher als Motivsammlungen nicht mehr erforderlich. Die roten ABC-Mustertücher, die in den Schulen noch gestickt wurden, verschwanden 1908 aus den Lehrplänen. Das war das Ende einer langen, schönen Tradition.

Wenn wir heute diese Tradition wieder aufleben lassen und erneut unsere eigenen Mustertücher sticken, so gilt es aus der Fülle der für jeden zugänglichen Muster diejenigen auszuwählen, die einem persönlich am besten gefallen. Die schönsten Muster sind auf einem selbst gestickten, gerahmten Mustertuch allemal besser aufgehoben als auf einem (weiteren) Stück Papier. Ganz abgesehen davon, daß ein Stickmuster nur gestickt richtig zur Geltung kommt.

Nadel, Faden und ein Stückchen Stoff

Die Arbeitstechnik

Kreuzstich ist eine fadengebundene Stickerei, bei der das Muster nicht aufgezeichnet, sondern die Stiche ausgezählt werden. Man kann sie auf jedem Gewebe mit Leinenbindung sticken, das heißt auf allen Stoffen, bei denen die Kett- und Schußfäden – also die senkrechten und waagrechten Webfäden – ein gleichmäßiges quadratisches Fadenkreuz ergeben, wie Halbleinen, reines Leinen, Siebleinen und schließlich, für großflächige Arbeiten wie Wandbehänge, auch Rupfen, der mit Wolle bestickt wird.

Die alten Stickmustertücher wurden auf sehr feinem Leinen gestickt, oft so fein, daß beim Sticken über zwei Fäden zwölf Kreuzchen auf den Zentimeter paßten.

Je nach der Feinheit des Stickgrundes und der gewünschten Mustergröße sticken wir die Kreuzchen über zwei, drei oder vier Fäden. Das Stickgarn, für Leinen und Halbleinen Sticktwist oder Garn – nie Perlgarn – wählen wir so, daß die fertigen Kreuzchen den Stickgrund vollständig überdecken. Wird das Garn zu dick gewählt, wirken die Kreuze »wulstig«, wird es zu dünn gewählt, geht viel von der Gesamtwirkung verloren. Als Stickmaterial eignet sich der sechsfädige, leicht glänzende Sticktwist von MEZ, Freiburg, und von Ackermann, Augsburg, sowie das matte Garn von Fremme, Dänemark. Gestickt wird mit stumpfen Nadeln, damit die Fäden des Stickgrundes nicht beschädigt werden.

Die alten, überlieferten Mustertücher wirken farblich dezent, fast Ton in Ton gestickt. Die mit Naturfarben gefärbten Garne und Seiden sind im Laufe der Zeit verblichen. Mir gefällt das sehr gut, aber auch kräftige Farben haben ihren Reiz. Wenn Sie Ihr Stickbild zusammenstellen, so sollten Sie sich für eine der beiden Möglichkeiten entscheiden: entweder nur dezente, warme oder nur leuchtende Farben.

Ehe wir mit der Arbeit beginnen, schneiden wir uns den Stickgrund in der für die Arbeit erforderlichen Größe aus und befestigen die Ränder durch Umstechen mit der Hand oder durch Umzackeln mit der Maschine. Um das Zählen zu erleichtern, ziehen wir vom Mittelpunkt aus in alle vier Richtungen Reihfäden als Hilfslinien ein. Außerdem beginnen wir immer von der Mitte aus, nicht vom Rand mit dem Sticken. Wenn Sie immer genau zählen, die Kreuzchen immer über die gleiche Anzahl Fäden und immer in eine Richtung sticken, dann ist es wirklich kinderleicht.

Wie Sie Ihr eigenes Mustertuch aufbauen – ob mit oder ohne Alphabet, mit oder ohne gestickten Rand, in Reihen, symmetrisch um die Mittelachse oder unregelmäßig gestreut, das sollten Sie selbst entscheiden. Die abgebildeten Stickmustertücher geben Ihnen hierfür eine Fülle von Anregungen. Einen Tip möchte ich Ihnen aber noch geben: Zeichnen Sie sich die Motive, für die Sie sich entschieden haben, auf Kästchenpapier und schneiden Sie sie einzeln aus. Die Einzelmotive können Sie jetzt so lange gegeneinander verschieben, bis Ihnen der Gesamteindruck gefällt.

Niederlande 1678

Dieses wundervoll erhaltene Modeltuch ist mehr als dreihundert Jahre alt.
Die geometrischen Flächenmuster am linken Rand wurden in verschiedenen Zierstichen, vor allem in Plattstich und Kästchenstich gearbeitet. Die figürlichen
Motive, ausschließlich in Kreuzstich gestickt, werden von zwei
religiösen holländischen Versen gerahmt, deren Übersetzung in etwa lautet:
»Oh Herr, mögst mich in meiner frühen Jugend leiten, so daß ich Ehre, Fertigkeiten
und Tugend erlange. Kein höher Los auf dieser Welt
als Liebe zu Gott und Friede mit allen Menschen.«
Am unteren Rand – auf dem Kopf zu lesen – *unterschreibt* die Stickerin mit:
»eine Jakobstochter, 10 Jahre alt im Jahre 1678«.
Es ist das älteste Modeltuch, aus dem ich auf vier Seiten einzelne Muster
zum Nachsticken gezeichnet habe: Das Pärchen mit dem Herz im Blumenkranz,
das große mit neun Matrosen und einem Hund bemannte Schiff,
den spinnenden Affen aus der *Verkehrten Welt* und einige der runden und
quadratischen Flächenornamente.

Kreuzstich, diverse Zierstiche, Seide auf Leinen 45 x 39 cm, Sammlung Floor Ex-Coenders, Amsterdam

⊞ dunkelgrün ⊠ grün ⊙ dunkelrosa Ⅱ dunkelbeige Λ beige ⊘ moosgrün

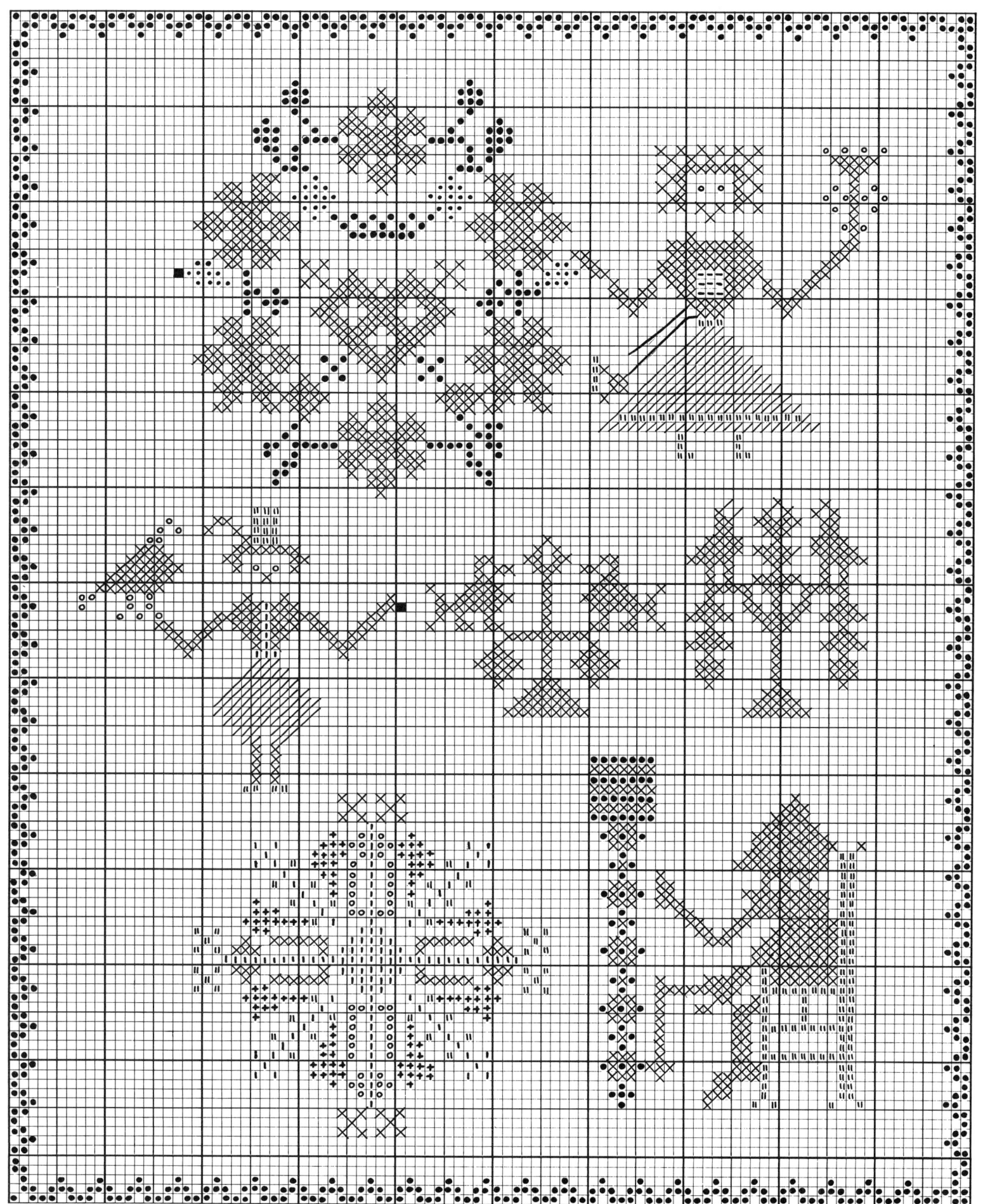

⊠ beige ⊞ dunkelbeige ⬚ hellrot ⊡ rot ⫿⫿ moosgrün ⫿⫿ grün ⊟ helles grün ⊙ blau ■ Anschlußstelle

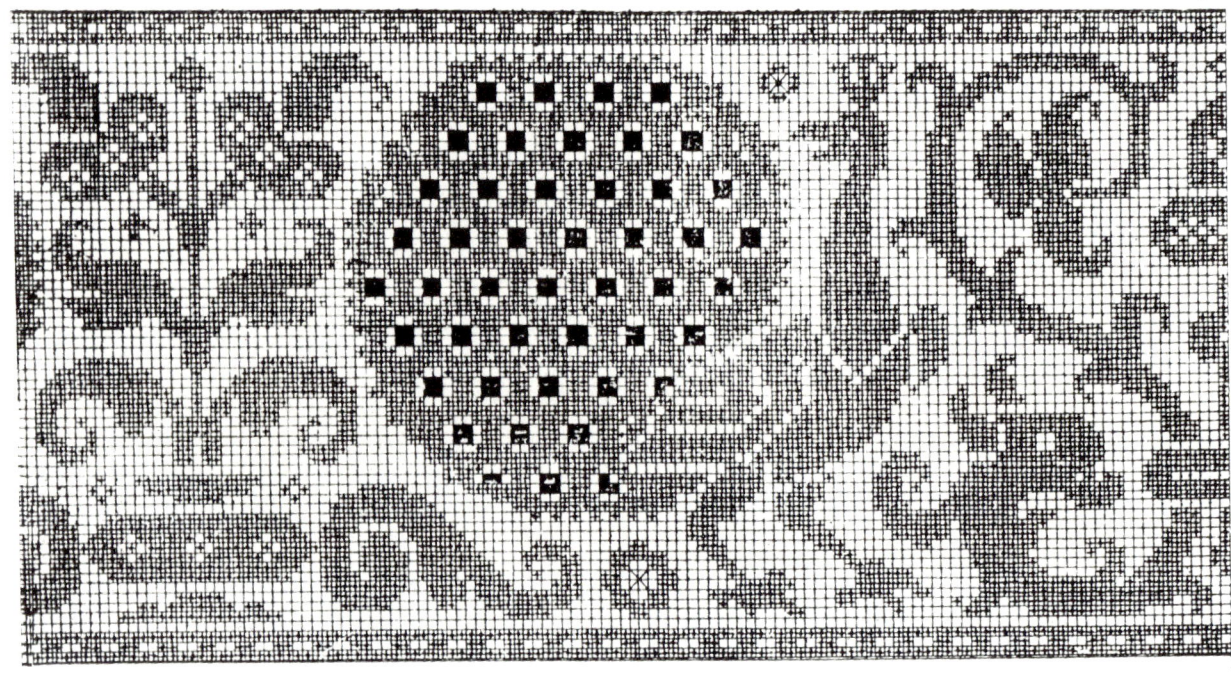

Aus Johann Sibmachers »Schön neues Modelbuch«, Nürnberg 1597, Seite 18

Wöbbel im Lipper Land 1708

In diesem langen, handtuchartigen Mustertuch sind die drei Themenbereiche Alphabete, religiöse und weltliche Motive mit durchgehenden Linien voneinander abgegrenzt. Im oberen, christlichen Teil sind einige der für katholische Gegenden typischen religiösen Motive enthalten: Die Kreuzigungsgruppe mit Maria, Johannes und den Arma Christi, den Leidenswerkzeugen mit Folterwerkzeug und Geißelsäule mit Hahn. Dazu Adam und Eva unter dem Apfelbaum, zwei schwebende Engel im Profil und, ganz klein, das Osterlamm als Symbol der Auferstehung Christi.
Im weltlichen Teil finden wir neben der großen Stadtansicht den Pfau aus dem Sibmacher'schen Modelbuch von 1597, Blumen und vielerlei Getier. Ein Teil der in blau-grün Tönen gestickten, wunderschönen Alphabete ist auf der Umschlagrückseite noch einmal abgebildet.

Rechte Seite: Kreuzstich, Seide auf Leinen, 36 x 120 cm, Sammlung Eva Maria Leszner, Köln

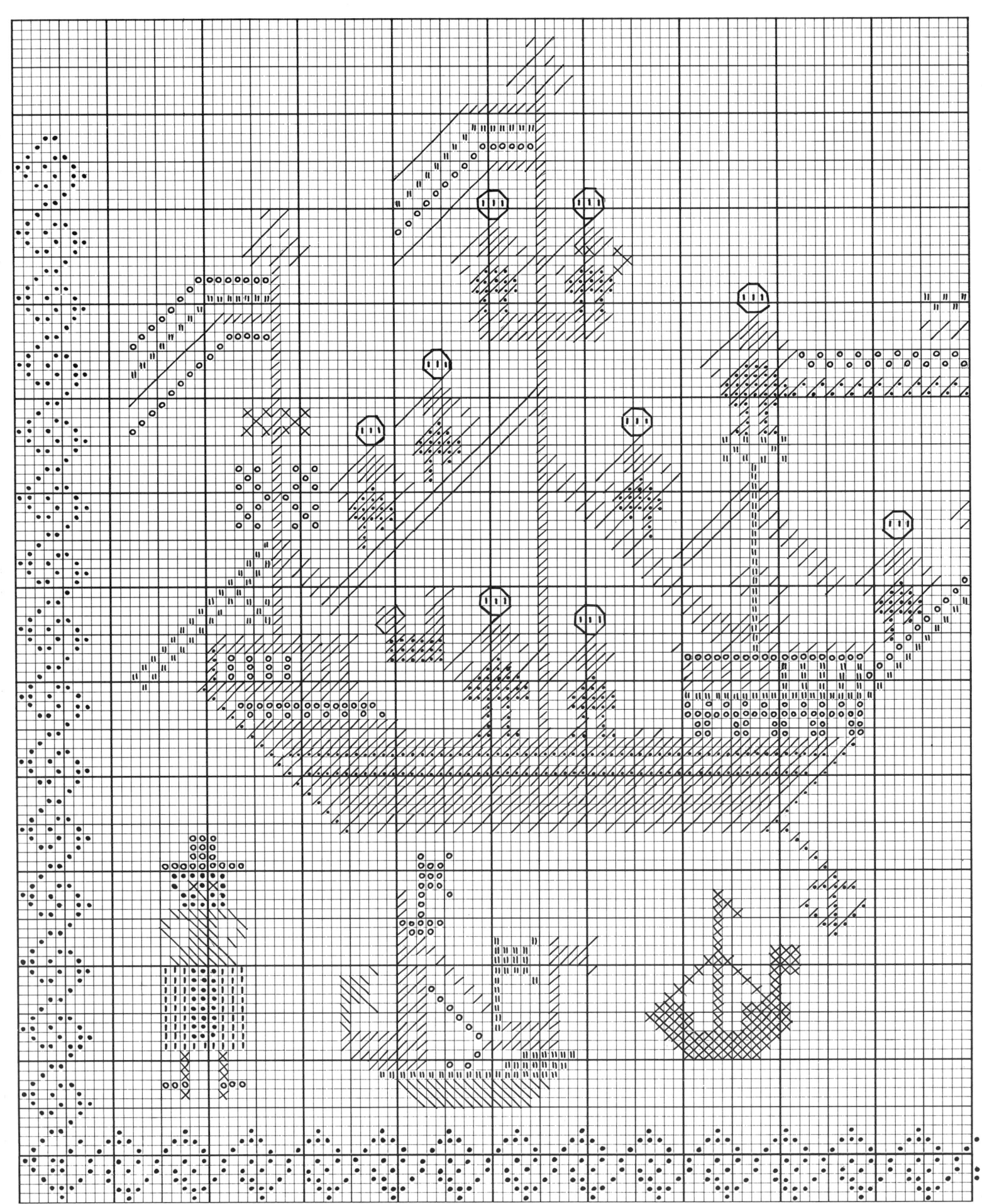

⊠ grün ⊘ helles grün ⊙ dunkelgrün · dunkelgrau ⊘ beige ⊞ blau ⊠ grau ⊞ rosa

22

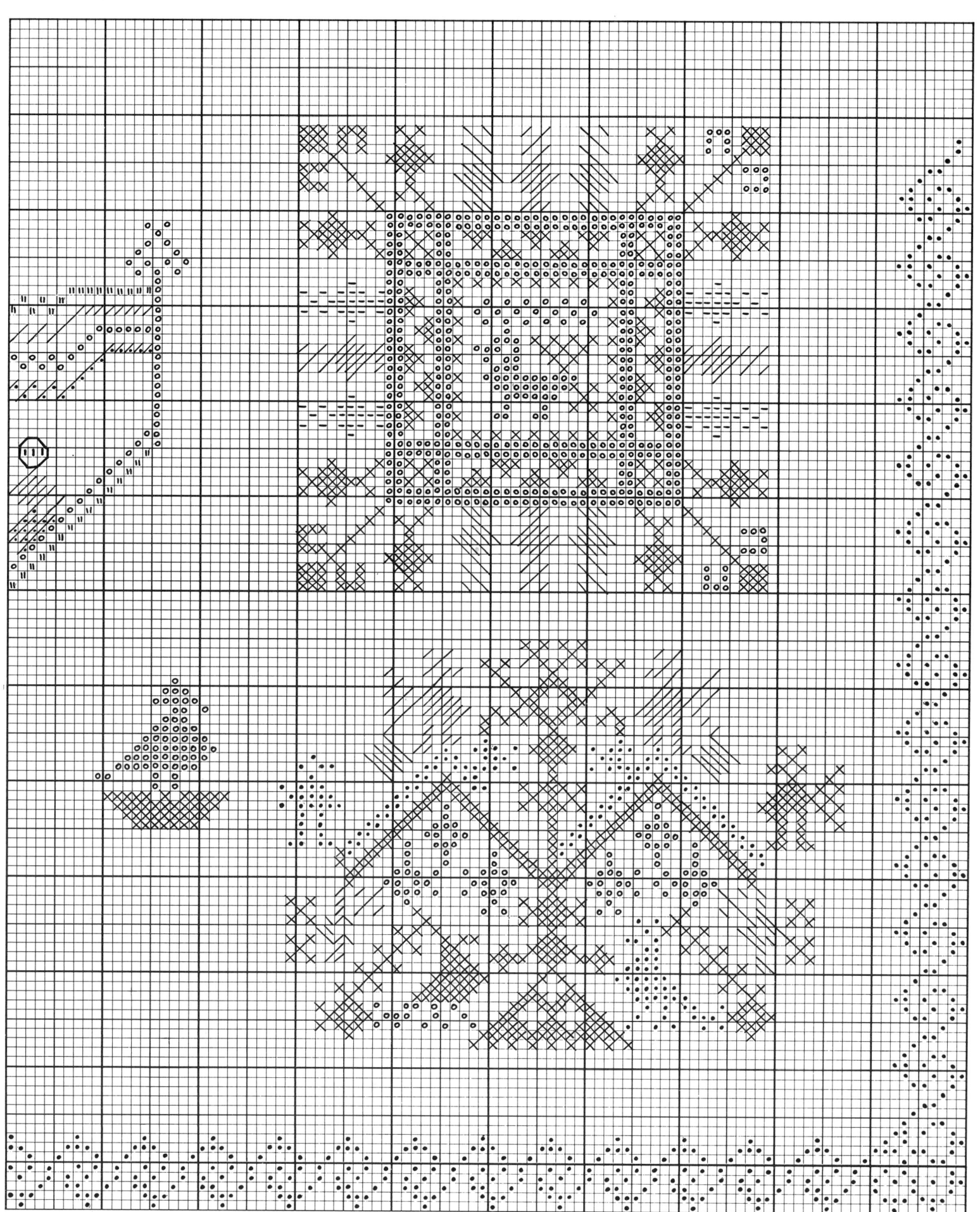

⊠ moosgrün   ⊙ dunkelbeige   ⊟ dunkelgrau   • dunkelgrün   ⧄ hellgrau   ⊗ grün   ⧅ hellbeige

Kreuzstich, Seide auf Leinen, 32 x 35 cm, Sammlung Elfi und Hans-Joachim Connemann, Buxtehude

Hamburger Umland 1746 und 1809

Nicht nur diese beiden, sondern auch die vier folgenden Mustertücher
sind sich in Auswahl und Anordnung der Motive sehr ähnlich. Auf allen Sticktüchern
sind Adam und Eva am Baum der Erkenntnis das zentrale, in der unteren
Mitte des Bildes angeordnete Motiv. Auf allen enthält ein von Engeln getragenes
Kränzchen, eine sog. *Kartusche*, die Jahreszahl oder die Initialen der Stickerin,
und immer ist am oberen Rand – über die ganze Breite des Tuches – ein Alphabet
gestickt. Aber wie verschieden sind die Ausgestaltung der Motive und die
Farbwahl: hier der exotische Baum mit kräftig grünen, langgestreckten Blättern,

Kreuzstich, Seide auf Leinen, 34 x 26,5 cm, Sammlung Elfi und Hans-Joachim Connemann, Buxtehude

rechts dagegen ein viel buschigerer Baum mit roten Äpfeln.
Insgesamt mehr in grün-blau Tönen gehalten, sticht auf dem Sticktuch von
1809 links der Birnenkorb und der Papagei und rechts der von einem Engel getragene
Käfig, Daniel in der Löwengrube darstellend, ins Auge.
Auf dem älteren Tuch, auf dem neben vielen anderen weltlichen und
religiösen Motiven drei Paradiesgärtchen gezeigt werden, dominiert keine Farbe.
Braun, Rot, Blau und Grün werden gleich häufig verwandt:
ein buntes, aber sehr ausgewogenes Mustertuch.

⊠ dunkelgrün · beige ⦿ braun ⊘ gelb ⊙ dunkelgelb ⊠ rosa Ⅲ dunkelbeige ⊞ blaugrau

⊠ grün ⊙ gelb · rosa Ⅲ braun ⊞ blau Ⅱ hellrosa ⊘ hellrot ⊠ rot Ⅲ in der Blume hellbeige

Altes Land 1796 und 1828

Auf diesen beiden in den eingangs erwähnten *Jongfern-Scholen*
im protestantischen Norden Deutschlands entstandenen Mustertüchern finden wir,
wie auf den beiden vorigen und den folgenden Tüchern, Adam und Eva unten
in der Mitte, umrahmt von einer Reihe anderer religiöser wie weltlicher Motive.
Hier wie dort sind die Figuren mit den Anfangsbuchstaben ihrer Namen A(dam),
E(va), I(osuah), K(aleb) usw. gekennzeichnet.
Auf dem jüngsten, durch seine Farbwahl besonders fröhlichen Beispiel in dieser Reihe
gleichartiger Mustertücher finden wir, außer den eben erwähnten, keine weiteren
religiösen Motive, statt dessen Justitia, eine Wasserträgerin und ein schönes,
leuchtend rot-weißes Fachwerkhaus, dazu rechts unten einen knorrigen Baum
im Blumenkübel.
Das ältere Tuch wirkt durch die gleichmäßige Anordnung der seitlichen
Motivgruppen sehr streng, obwohl auch hier eine Vielzahl kleinerer Ornamente
über das Tuch verteilt ist. Die Eichenlaubkante, die hier drei Seiten umschließt, finden
wir auf vielen norddeutschen und niederländischen Mustertüchern,
in diesem Buch noch auf den Seiten 24, 25 und 73.

Beide Mustertücher Kreuzstich, Seide auf Leinen, 33 x 35 cm (oben) und 38,5 x 36 cm (linke Seite), Sammlung Elfi und Hans-Joachim Connemann, Buxtehude

⊠ grün ⫿⫿ gelb ⊙ braun ⧄ hellbraun ⧅ rosa ⊠ hellgrün ■ schwarz

☒ braun   ⊞ hellblau   ⊡ blau   ⊠ rosa   ⊞ hellgrün   ☒ grün   ⊞ dunkelblau   ⊞ gelb   ⊡ rot

Groningen in den Niederlanden 1790 und Quickborn bei Hamburg 1793

Hier haben wir noch einmal zwei Mustertücher, auf denen Adam und Eva unten in der Mitte stehen. Für norddeutsche Tücher typisch, ist diese Anordnung auf niederländischen *Merklappen*, auf denen religiöse Themen selten sind, eher eine Ausnahme. Im Gegensatz zu den norddeutschen Beispielen fehlt auf dem niederländischen Tuch das Alphabet, und statt einem gibt es in diesem symmetrischen Mustertuch zwei von Engeln getragene Kränzchen.
Von holländischen Kacheln entlehnt sind die großen Rosenvasen, die wir nicht nur auf dem niederländischen, sondern auch auf dem Quickborner Tuch, hier noch viel größer und leichter gestaltet, finden. »Zwei Engel unter einer Girlande« könnte man das Motiv rechts oben auf dem nebenstehenden Mustertuch bezeichnen, das Motiv soll aber »Jakob im Kampf mit dem Engel« darstellen, also ein Motiv aus dem Alten Testament, das in gleicher oder doch sehr ähnlicher Form auch auf anderen norddeutschen Mustertüchern zu sehen ist (vgl. Seite 24, 25 und 28).

Beide Mustertücher Kreuzstich, Seide auf Leinen, 32 x 35 cm (oben) und 44 x 37 cm (linke Seite), Sammlung Elfi und Hans-Joachim Connemann, Buxtehude

☒ grün   ⊞ blau   ⬈ gelb   ⊟ hellbraun   ⏸ beige   ⊡ braun   ⋀ resedagrün

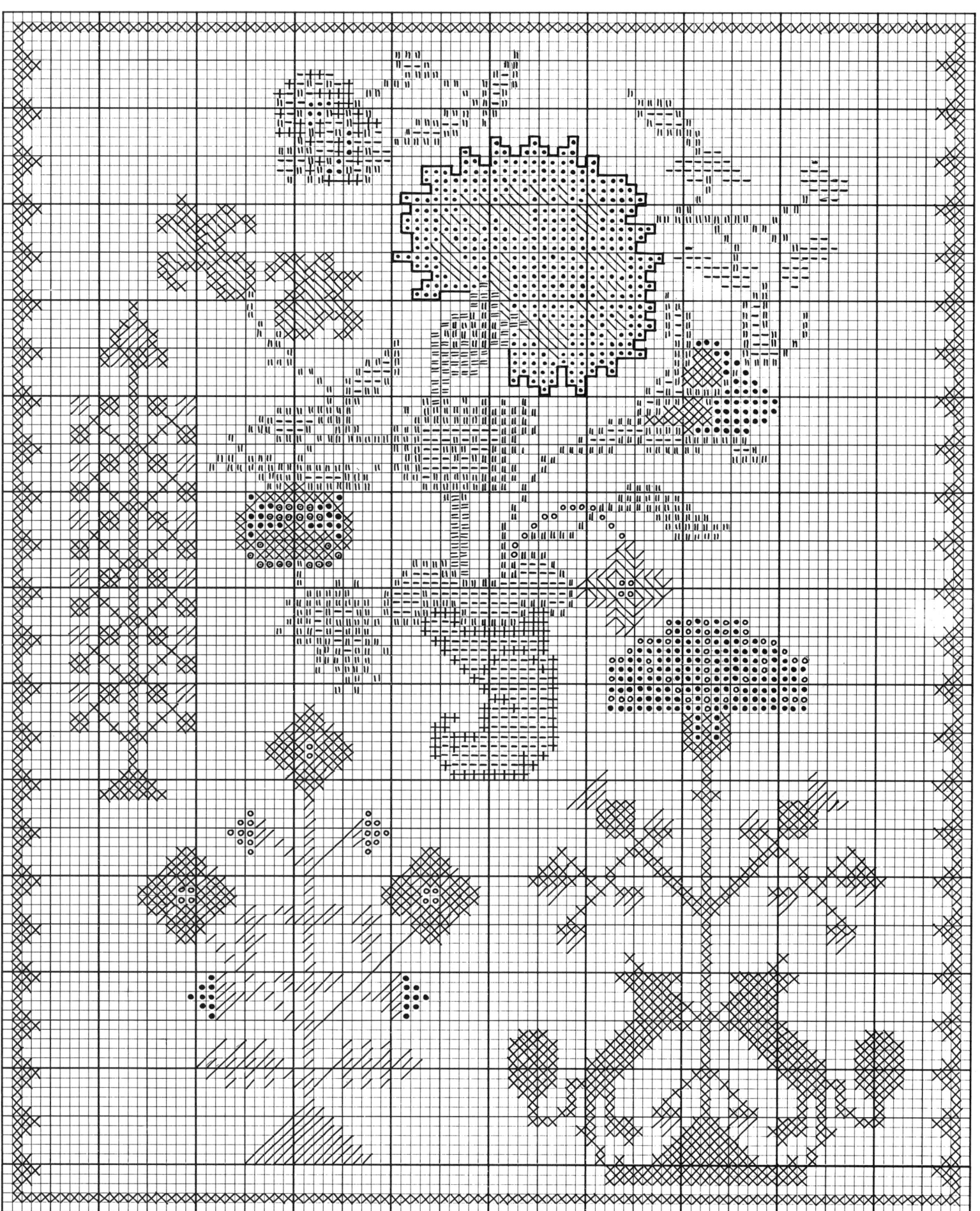

⊠ grün ⊡ hellbraun ⊘ hellgelb ⊟ matt gelb ⊞ hellgrün ⊠ dunkelrosa ⊙ mittelrosa ⊚ hellrosa Ⅲ resedagrün
⊟ blaugrün

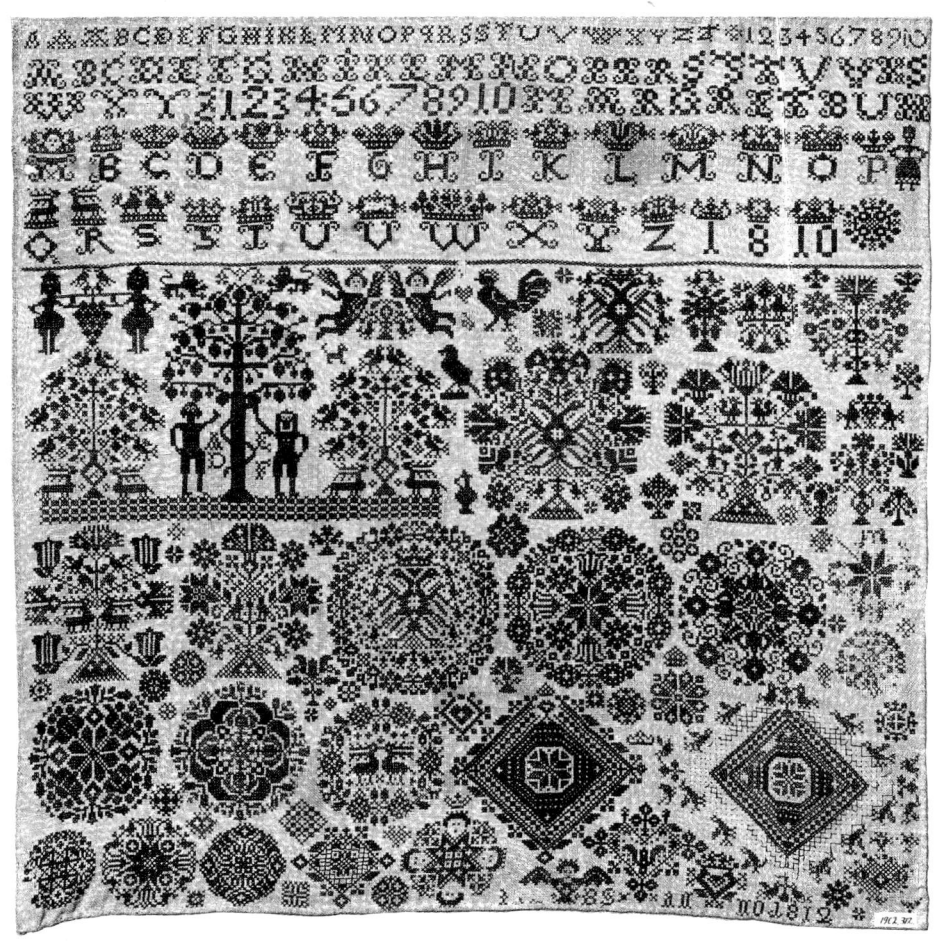

Vierlande und Winser Elbmarsch 1805

Ganz in Schwarz gestickte runde und rhombenförmige Ornamente zierten
die Bett- und Leibwäsche in den Vierlanden, einem Gebiet südöstlich von Hamburg.
Zwar gibt es auch hier bunt gestickte Beispiele, die typischen Vierländer
Tücher sind aber, vor allem ab 1800, so wie hier mit großen Flächenornamenten
ganz in Schwarz gestickt. 24 dieser Flächenmuster habe ich in meinem Kalender 1984
gezeichnet; darum sind hier außer den mit den netten Krönchen
bestickten Buchstaben im Vorsatz keine weiteren Motive
aus diesem Mustertuch enthalten.
Das Sticktuch aus der Winser Elbmarsch ist *rundum* gestickt.
Man muß es jeweils drehen, wenn man die vielen kleinen Motive genau betrachten will.
Wie auf diesen beiden Mustertücher sind gegenständliche
Motive in der Regel frontal, allenfalls im Profil gezeigt. Die einzige Ausnahme,
nicht nur in dem Mustertuch aus der Winser Marsch, sind die Stühle,
die fast immer perspektivisch gestickt wurden.

Beide Mustertücher Kreuzstich, Seide auf Leinen; oben: 37 x 41 cm Sammlung Elfi und Hans-Joachim Connemann, Buxtehude; linke Seite: 42 x 42 cm, Museum für Kunst und Gewerbe, Hamburg

⊠ grün ⊞ blau ⊡ rosa ⊚ grau ⊘ beige ⊠ hellbraun ⊞ braun

⊠ grün ⊡ braun ⊠ rot ⊞ blau ⊘ hellbraun ⏛ grau ⏛ beige

Sachsen 1764

Wie auf ganz alten Tüchern die Borten, so sind auf diesem Mustertuch die Alphabete in zwei nebeneinanderliegenden Blöcken angeordnet. Drei der Alphabete auf der rechten Seite beginnen jeweils mit drei verschiedenen A, eine Musterform, die vor allem auf englischen Sticktüchern häufig zu finden ist. Unter dem großen, im Profil gestickten Engel und dem kleinen Schiff sind die Motive in durchgehenden waagrechten Reihen angeordnet: erst eine Hirschjagd, dann das Kreuz mit den Marterwerkzeugen und das Lamm Gottes, in der dritten Reihe ein knorriger Obstbaum mit vielen Vögeln, einem Adler und einem Storch, in der vierten Reihe schließlich der heilige Georg zu Pferde im Kampf mit dem Drachen, ein Motiv, das, wie das Lamm Gottes in der zweiten Reihe, dem 1591 erstmals veröffentlichten Sibmacher'schen Modelbuch entnommen wurde. In der letzten Reihe zwischen dem Kränzchen mit der Jahreszahl und dem vom Pfeil durchbohrten Herzen stehen ein Knecht und eine Magd. Motive und Anordnung finden wir in der hier dargestellten Form auch auf vielen süddeutschen Mustertüchern.

Rechte Seite: Kreuzstich, Plattstich, Seide auf Leinen, 26 x 60 cm, Sammlung Elfi und Hans-Joachim Connemann, Buxtehude

⊠ alles rot

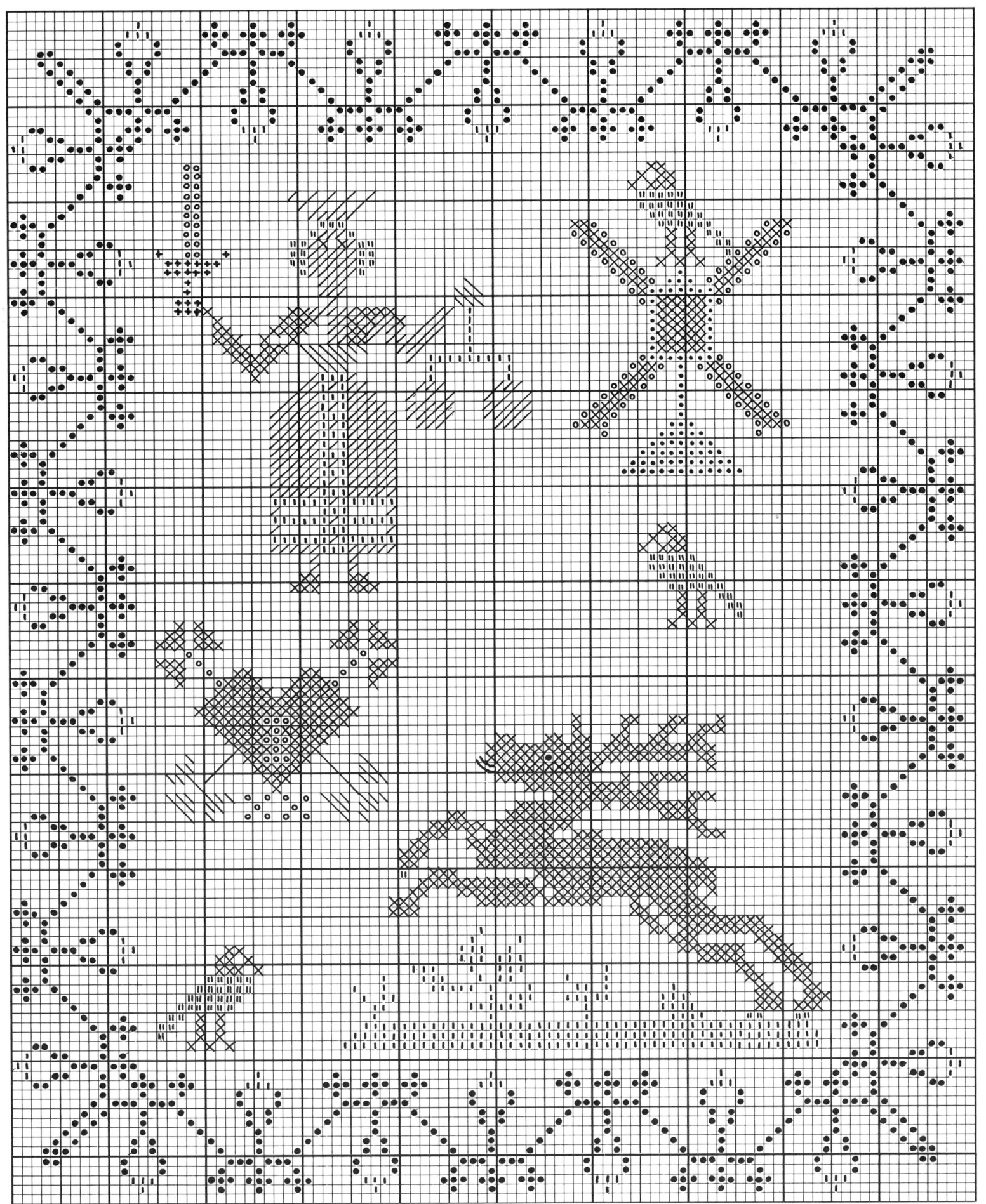

⊠ braun   ⫼ grün   ⊠ rot   ⊠ oliv   ⫼ gelb   ⊡ grau   ⊕ blau   ⊘ hellgelb   ⊡ moosgrün   ⫼ braun

Aus Johann Sibmacher »Schön neues Modelbuch« Nürnberg 1597, Seite 23

Süddeutschland 1763

Die ruhige Anordnung der Motive in waagrechten Reihen
läßt die schöne ornamentale Wirkung jedes einzelnen der Blumenmotive besonders
gut zur Geltung kommen. Auch die kleinen Schmuckborten,
oberhalb der Alphabet- und Zahlenreihen, die nicht sofort ins Auge springen,
sind *gekonnt* gestaltet.
Die beiden Hirsche, der Pfau und das Osterlamm mit der Siegesfahne,
das die Auferstehung Christi symbolisiert, sind den Modelbüchern
von Sibmacher entnommen. Dessen Muster wurden, wie eingangs erwähnt,
in Süddeutschland bis ins 19. Jahrhundert hinein immer wieder gestickt,
kopiert und weitergegeben.
Die Muster dieses Sticktuches sind im Zusammenhang auf einem
der großen Musterbogen gezeichnet.

Rechte Seite: Kreuzstich, Seide auf Leinen, 43 x 26 cm, Sammlung Elfi und Hans-Joachim Connemann, Buxtehude

⊠ braun ⊙ schwarz ⊘ beige ⊞ blau ⊠ blaugrün ⊞ beige ⊡ braun ⋀ grau ⊠ grün ⊡ rosa

46

⊠ grün ⊙ rot ⊠ gelb ⊡ rosa ⊘ hellgelb ⊞ dunkelgelb ⊞ braun

*Kreuzstich, Plattstich, Seide auf Leinen mit Seidenbändchen-Einfassung, 32 x 38 cm,
Sammlung Elfi und Hans-Joachim Connemann, Buxtehude*

Süddeutschland 1761

Diese beiden süddeutschen Mustertücher sind in den verschiedensten
Sticharten der Weißstickerei und der Tapisserie bestickt. Auf dem oben abgebildeten
Beispiel, das farbig auf dem Umschlag abgebildet ist, sind
nur der Vogelbaum, das Alphabet und der Adler in Kreuzstich.
Auf dem rechten Tuch sind der Hirsch, das Alphabet und die beiden braunen
Vögelchen in Kreuzstich, die anderen Zählmuster in Petit point,
das heißt halbem Kreuzstich gearbeitet.
Die ungewöhnlich fein gestickten Flächenmuster wurden für Möbelbezugsstoffe,
Taschen, Futterale, Paravents und ähnliches verwandt. Die Kombination
dieser Muster mit figürlichen, für einen ganz anderen Anwendungsbereich
gedachten Motiven finden wir auf süddeutschen Sticktüchern häufig,
in den nördlichen Ländern dagegen kaum.

Verschiedene Zierstiche, Kreuzstich, Bagello und einzelne Perlen, Seide auf Leinen, 30 x 35 cm

⊠ grün ⊘ gelb ⊞ dunkelgelb ⊙ blau ⊠ rosa

⊠ grün ⊞ blau ⒾⒾ hellbraun ⊘ braun ⅢⅢ gelb Ⓒ dunkelgelb

Verschiedene Zierstiche, Petit point, Kreuzstich, Seide auf Musselin, 28 x 30 cm, beide Mustertücher Sammlung Elfi und Hans-Joachim Connemann, Buxtehude

Dänemark 1732 und 1761

Dänische Mustertücher kann man an der oberen rhombenförmigen
Borte erkennen, die auf beiden hier abgebildeten Beispielen in Plattstich gestickt ist.
Das jüngere, auf dieser Seite abgebildete Mustertuch ist bis auf diese Borte in
Kreuzstich gearbeitet, während auf dem rechten Tuch die Hauptmotive
wie zum Beispiel die üppige Dame — eine Allegorie des Herbstes —, der Mann
mit dem Federhut und die Fabeltiere in Petit point gestickt sind.
Der liegende Hirsch mit dem Halsband ist auf beiden Mustertüchern abgebildet.
Das zeitlich jüngere Sticktuch wurde ganz im Stil der strengen Vorlagen
aus dem Bereich der Volkskunst gestickt. Im Beispiel von 1732,
dem älteren Mustertuch, mischen sich dagegen der Zeitgeschmack des Rokoko
mit älteren Vorbildern, wie zum Beispiel den auf mittelalterliche
Bestiarien zurückreichenden Fabeltieren.

Kreuzstich, Petit point, Plattstich, Seide und Baumwolle auf Leinen, 46,5 x 35 cm

⊠ dunkelgrün ⊞ blau ⊙ rot ⊟ gelb ⊠ beige ⊠ anthrazit ⊞ grau ⊡ braun ⊞ rotbraun

⊠ grün ⊞ blau ⊡ beige ⊠ mittelbraun ⊘ hellbraun • hellblau ⫼ gelb ⊙ braun

Friesland 1750

Die auch als *Letterndock* bezeichneten Sticktücher aus dem niederländischen Friesland sind durch ihre reichgeschmückten Zierschriften unverwechselbar. Die Grundschrift ist eine einfache, klare, kaum abgewandelte Blockschrift, bei der nur das A mit dem breiten Kopfbalken und der schlanken Mitte hervorsticht. Die einzelnen Buchstaben werden mit *Augen*, das heißt, winzig kleinen Kreisen in Holbeinstich, Lochstich oder einem engen Sternchenstich umrandet und auch im Innern verziert. Nur weil Buchstabe und Ausschmückung in verschiedenen Farben gestickt worden sind, kann man in den runden, rechteckigen, quadratischen oder pfeilförmigen Flächen die ursprünglichen Buchstaben noch erkennen. Ihre ornamentalen Flächenmuster haben die Stickerinnen in den Vierlanden aus diesem holländischen Landstrich übernommen, wie ein Vergleich des rechts abgebildeten Mustertuchs mit dem Vierländer Beispiel auf S. 36 deutlich macht.

Oben: Ausschnitt aus einem Tuch, Kreuzstich, Seide auf Leinen, 27 x 60 cm, Sammlung Leszner, Köln
Rechte Seite: Kreuzstich, Seide auf Leinen, 29 x 40 cm, Sammlung Floor Ex-Coenders, Amsterdam

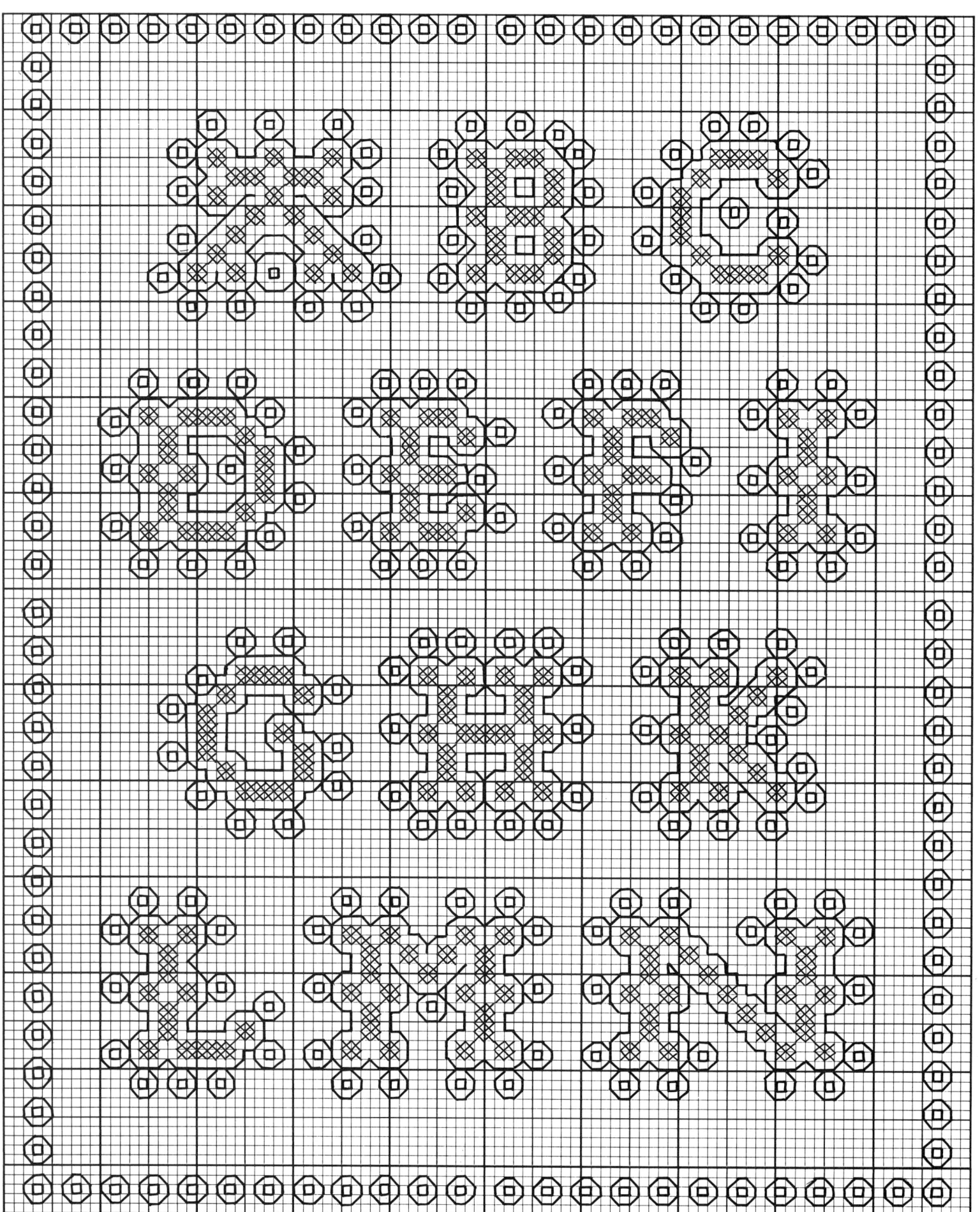

Umrandung in Holbeinstich ⊠ grün   ⊞ beige   ⊡ braun   ⊘ hellbraun

Umrandung in Holbeinstich ⊠ grün ⊞ beige · braun ⊘ hellbraun

Amsterdam 1767

Der Freiheitslöwe mit den Insignien Schwert und Pfeilen, in manchen
Quellen auch als Amsterdamer Löwe bezeichnet, und der gelb-grüne Backsteinbau
beherrschen dieses Stickbild. Die Beschränkung auf Grün und Ocker
als Hauptfarben läßt dieses mit vierzig (!) verschiedenen Motiven
bestickte Mustertuch als Ganzes ruhig erscheinen. Aber erst die Zeichnungen
machen deutlich, wie schön und ausgewogen auch die einzelnen
Motive sind: der große Vogel in dem wie eine Stimmgabel geformten Baum,
der Mann mit den Holzschuhen, das Taubenhaus, der Vogelbauer,
die große Tulpenvase mit den hängenden Tulpen und, und, und ...

Kreuzstich, Seide auf Leinen, 30 x 40 cm, Sammlung Eva Maria Leszner, Köln

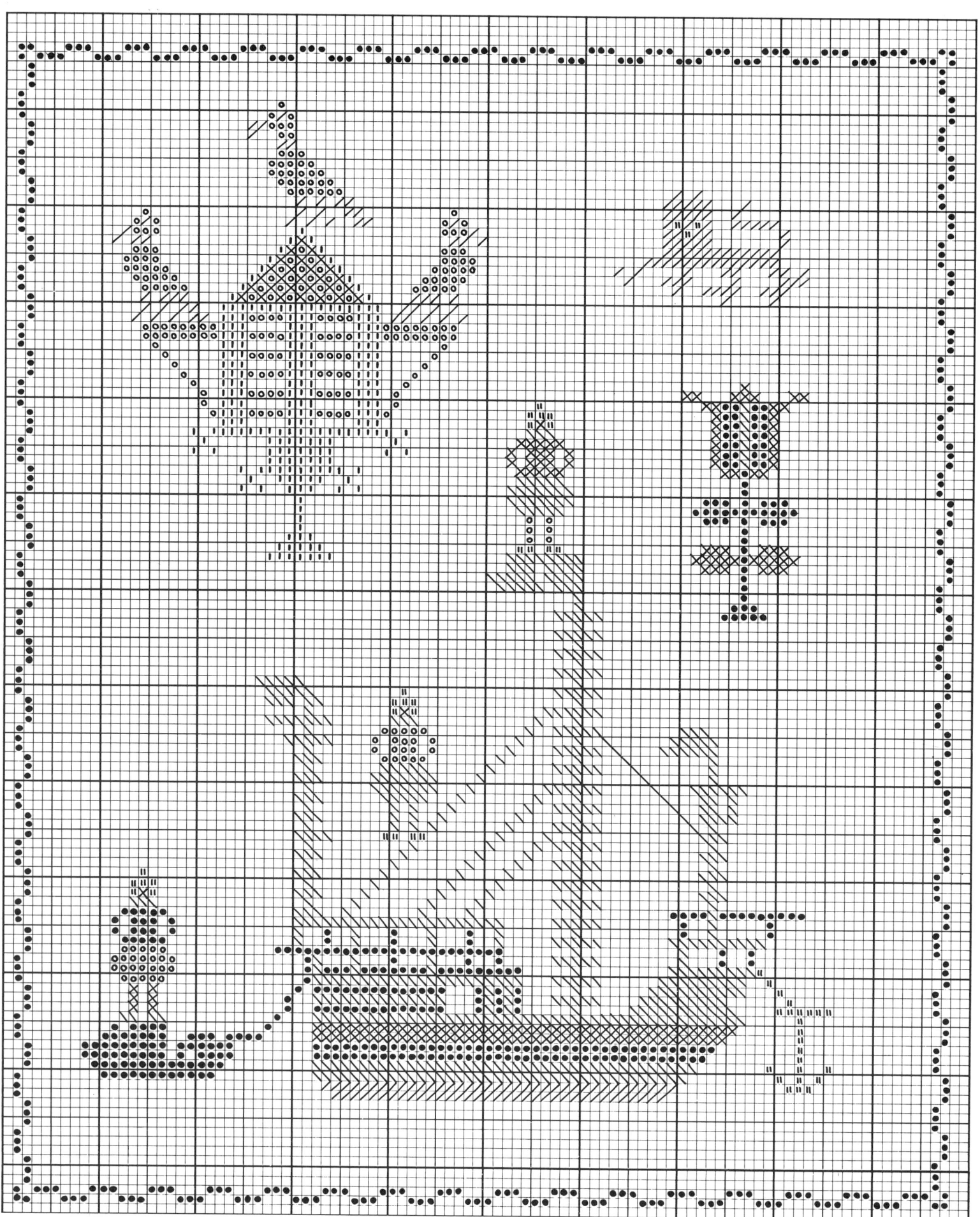

⊙ grün ⊞ beige ⊡ moosgrün ⊠ gelb ⊠ rot ⊘ dunkelgelb ⊞ braun

⊡ grün   ⊘ gelb   ⊠ rot   ⊠ dunkelgelb   ⊙ hellgrün   ⊟ grau   ⊠ braun   ⊞ blau   ⊞ anthrazit

Amsterdam 1805

Wie auf den meisten niederländischen Mustertüchern oder
Merklappen, wie sie dort heißen, fehlt auch auf diesem Beispiel das sonst für
Sticktücher so charakteristische Alphabet. Dies liegt nicht daran, daß die Holländer
weniger, sondern daß sie mehr Mustertücher stickten, neben dem *Merklappen*
für die figürlichen Motive nämlich ein *Letterndock* für die verschiedenen Alphabete
und meist auch noch ein buntes, sehr fein gearbeitetes Stopftuch
(ein ABC-Tuch finden Sie auf S. 57 abgebildet).
Die in einem Tulpengarten stehende Frau, die den Hut auf der Stange hält,
ist wie der Löwe mit Schwert und Pfeilen (S. 61) ein niederländisches Freiheitssymbol –
in den lange unter Fremdherrschaft leidenden Niederlanden
ein wichtiges Thema.
Ob der Mann, der mit der Schaufel im vergitterten Vorgarten arbeitet,
auch eine symbolische Bedeutung hat, weiß ich nicht. Klar zu identifizieren sind
die Heiligen Drei Könige mit dem Stern zu Bethlehem, die Windmühle
und all die anderen weltlichen und religiösen Motive.

Kreuzstich, Seide auf Leinen, 42 x 46 cm, Sammlung Floor Ex-Coenders, Amsterdam

⊙ grün ⊡ gelb ⊠ beige ⊡ dunkelgelb ⊙ hellgrün

66

⊠ grün ⊡ blaugrün ⊘ hellgelb ⫼ braun ⊙ hellgrün ⊟ hellbraun

Niederlande 1819

Dieses symmetrische Blumenmustertuch in eher gedeckten Tönen
ist wie die meisten niederländischen Beispiele, die wir kennen, in Hellbraun und
Grün gestickt. Durch ein Schmuckband miteinander verbundene heraldische
Löwen umschließen die Initialen der Stickerin und die erste Jahreszahl, 1819.
Die zweite, untere Zahl, 1820, deutet an, daß das Sticktuch erst
im folgenden Jahr fertiggestellt wurde.
Die Blumensträuße und -vasen, die hier symmetrisch auf beiden Seiten
der Längsachse erscheinen, sind wie die Schale mit den Trauben die von Delfter
Kacheln so bekannten Muster, wie wir sie nicht nur in niederländischen
Mustertüchern immer wieder finden.
Unter den Löwen, Ton-in-Ton braun-beige gestickt, sehen wir die Obstschale
mit den vielen Vögelchen, rechts und links von Pfauen und kleineren Blumensträußen
eingerahmt: ein in sich geschlossenes Stickornament im Querformat.

Kreuzstich, Sternchenstich, Seide auf Leinen, 40 x 40 cm, Sammlung Elfi und Hans-Joachim Connemann, Buxtehude

⊠ grün ⊡ hellgelb ⊞ gelb ⊕ blau ⊙ braun ⍁ hellbraun ◉ dottergelb

⊠ grün ⊞ gelb ⊘ braun ⊞ mittelbraun ⊡ dunkelgrün ⊞ blau

Wageningen, Niederlande 1837

Dieses mit der Eichenlaubborte eingefaßte Mustertuch ist nicht sehr
farbenfroh. Die einzelnen Motive sind symmetrisch um die senkrechte Achse
angeordnet. Nur bei den äußeren Blumenvasen hat sich ein Fehler eingeschlichen,
wahrscheinlich wurde die zehnjährige Stickerin, von der wir auch den Namen
kennen, durch den Schlüssel aus dem (symmetrischen) Konzept gebracht.
Wilhelmina Geertruida Hanenberg hat aber noch einen anderen
kleinen Fehler eingestickt: Die schwarze Drei in der Jahreszahl 1837
(unter dem linken Engel) hat sie seitenverkehrt gearbeitet.
Wäre da nicht die Schlange, wir würden das so wohlanständig
gekleidete Paar unter dem Apfelbaum wohl kaum als Adam und Eva erkennen.
Neben den eigenen Initialen in dem mittleren von Engeln getragenen Kränzchen finden wir in den von Kronen geschmückten Wappenschildern noch weitere Buchstaben.
Was sie hier bedeuten, wissen wir nicht, auf vergleichbaren Tüchern
stehen sie häufig für die Namen der Lehrerin, der Mutter,
manchmal auch für den der besten Freundin.

Kreuzstich, Seide auf Leinen, 43 x 48 cm, Sammlung Floor Ex-Coenders, Amsterdam

⊠ grün ⫿ rotbraun ⊘ hellbraun ⊠ hellgrün • braun · rosa ⊙ rotbraun ⫼ gelb

⊞ grün ⊠ hellgelb ⊙ hellbraun • beige ⊞ blau ⊠ blaugrün ⊠ braun ⊞ rotbraun

Kreuzstich, Holbeinstich, Seide auf Leinen, 53 x 32 cm, Sammlung Eva Maria Leszner, Köln

Niederlande 1799 und 1845

»Backsteinbau im Blumengarten« könnte man das symmetrisch
aufgebaute Stickbild betiteln, das aus Middelburg stammt. Der Gartenzaun
(vielleicht ist es auch das Geländer einer Gracht) zieht das Bild optisch
in die Breite und gibt ihm Struktur.
Auf dem oben abgebildeten Blumenmustertuch sind am oberen Rand drei wunderschöne Alphabete abgebildet, das unterste erinnert an die Beispiele aus Friesland.
Schwer zu entscheiden, welche Motive die schönsten sind.
Von diesen beiden Sticktüchern habe ich sechs Seiten Muster gezeichnet. Während
mir auf dem rechten Bild die beiden Pfauen und das Glück und Fruchtbarkeit
symbolisierende Nelkenfüllhorn besonders gut gefallen, sind es auf dem oberen Tuch
die Taube, die an der Blume riecht, und die herzförmige Blume
in der schlanken Vase, rechts unten.

Kreuzstich, Holbeinstich, Seide auf Leinen, 50 x 50 cm, Sammlung Floor Ex-Coenders, Amsterdam

⊠ grün   ⊘ hellbraun   ⊠ rot   ⊞ grau   ⊞ blau   • dunkelbraun   ⊞ moosgrün   ⊡ hellblau

⊠ grün ⊞ gelb ⊡ grau ⊙ beige ⊘ hellbraun ◌ rot ⊙ rosa

Schleswig-Holstein 1812 und Altes Land 1802

Die in sechs Reihen gestickten Alphabete nehmen mehr als ein Drittel dieses Mustertuches ein. Auf ungebleichtem Leinen gestickt, wirken die sparsam verteilten Blütenmuster besonders zart. Die kleine umlaufende Schmuckkante ist die aus mehreren anderen Beispielen bekannte Eichenlaubborte, nur daß hier zwar die Eicheln, nicht aber die kleinen Blätter, das Eichenlaub, gestickt wurden. Auch das von einer Krone geschmückte Kränzchen mit der Jahreszahl wirkt sehr bescheiden. Der Hirsch im Blumengärtchen ist auf vielen Mustertüchern zu finden, die Obstschale auf dem Tisch dagegen kein sehr gebräuchliches Motiv. Die anderen Blumenvasen und Schalen begegnen uns häufiger, auch in diesem Buch. Zierliche Bäume wie der Nadelbaum links und der blühende Obstbaum rechts sind dagegen seltener zu finden. Josuah und Kaleb sind hier im Profil gezeigt, eine Darstellungsform, wie sie sonst nur aus Pommern und Sachsen bekannt ist. Das zweite hier abgebildete Sticktuch ist das kleinste in dieser Sammlung. Hier sind die Blumenmotive eher sparsam über die Fläche verteilt – besonders schön ist das kleine Paradiesgärtchen unten in der Mitte.

Kreuzstich, Seide auf ungebleichtem Leinen, 34 x 33 cm

*Linke Seite: Kreuzstich, Seide auf Leinen, 17 x 20 cm,
beide Mustertücher Sammlung Elfi und Hans-Joachim Connemann, Buxtehude*

⊠ grün   ⫿ beige   ⊟ hellbraun   • braun   ⊞ hellgrün

⊠ grau ⊡ dunkelgrün ⅲ braun ⊡ rotbraun ⅱ beige ⊞ blau ⊘ hellgelb

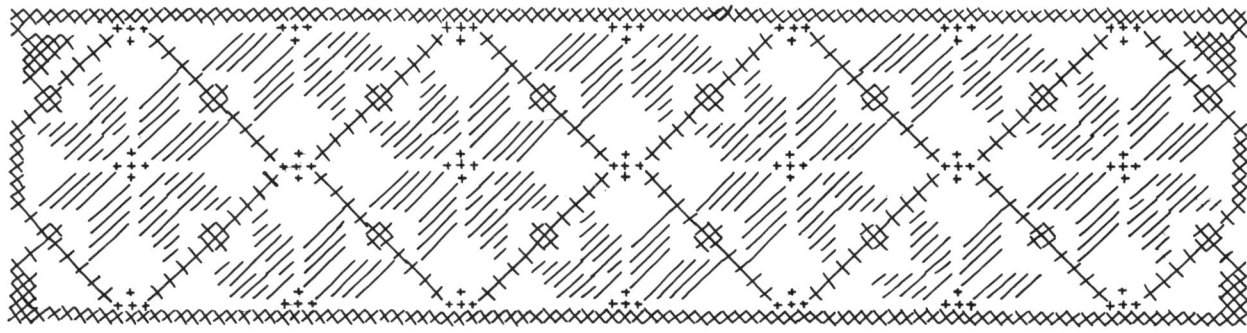

Dänemark 1809

Im Geist der Romantik und des frühen Biedermeiers ist das rechts abgebildete,
mit sparsam verteilten kleinen Motiven bestickte Mustertuch
aus Dänemark gestaltet. Die typisch dänische Sternenborte ist hier am unteren Rand
in Kreuzstich gestickt (vgl. die Plattstichborten auf S. 52 und 53).
Die drei Blumenkränzchen, die Urnen auf den Sockeln und die vielen mit den
Anfangsbuchstaben nur angedeuteten und damit nur für den *Eingeweihten*
verständlichen Sprüche und Namen machen das Mustertuch
zu einem Dokument seiner Zeit.

Kreuzstich, Seide auf Leinen, 41 x 41 cm, Sammlung Elfi und Hans-Joachim Connemann, Buxtehude

⊠ grün ☑ hellgrün ⊡ braun ⊠ hellgelb ⊞ gelb ⊞ blau

⊠ grün   ☱ gelb   ⊡ rot   ⊠ blau   ⊠ rosa   ⊞ hellblau   ⊡ braun

Chinoiserien 1830

Dieses mit einer Brokatborte umrandete Mustertuch ist nicht in Kreuzstich, sondern mit winzig kleinen Perlstichen (Petit point) gestickt.
Im Rokoko waren sogenannte Chinoiserien, das heißt Szenen aus dem Leben in China, beliebte Motive in der Inneneinrichtung. Die Muster dürften von handkolorierten Vorlagen, wie sie seit Anfang des vorigen Jahrhunderts in Wien und Berlin gedruckt wurden, übernommen sein. Nur in der ersten Hälfte des vorigen Jahrhunderts wurden sie so fein auf dünnem Leinen oder Wollmusselin gestickt. Später verwendete man den wesentlich groberen, leichter zu zählenden Stramin oder Kanevas. Von diesem Mustertuch habe ich die echt biedermeierlichen Motive, die Lyra im Blütenkranz und die mit einer Girlande verbundenen Täubchen, die den Blütenkranz in der Mitte halten, gezeichnet.

Rechte Seite: Petit point, Wolle auf Baumwolle, Brokatlitze, 26 x 39 cm, Sammlung Ursula Sievi, Wiesbaden

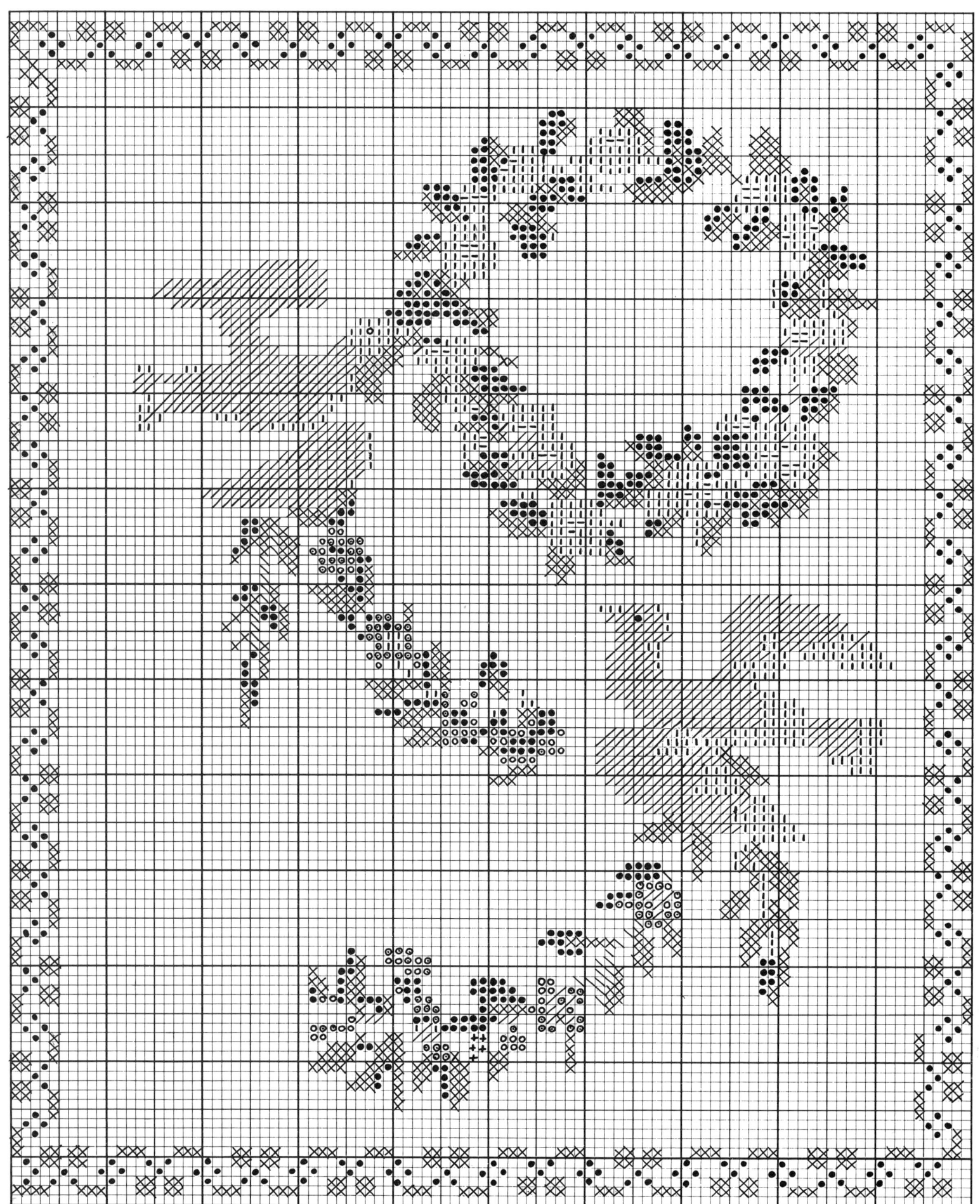

⊠ grün ⊡ gelbgrün ⊙ blau ⊘ hellgrau ⊠ hellgelb ⊞ dunkelgrau ⊟ rotbraun ⊞ hellblau

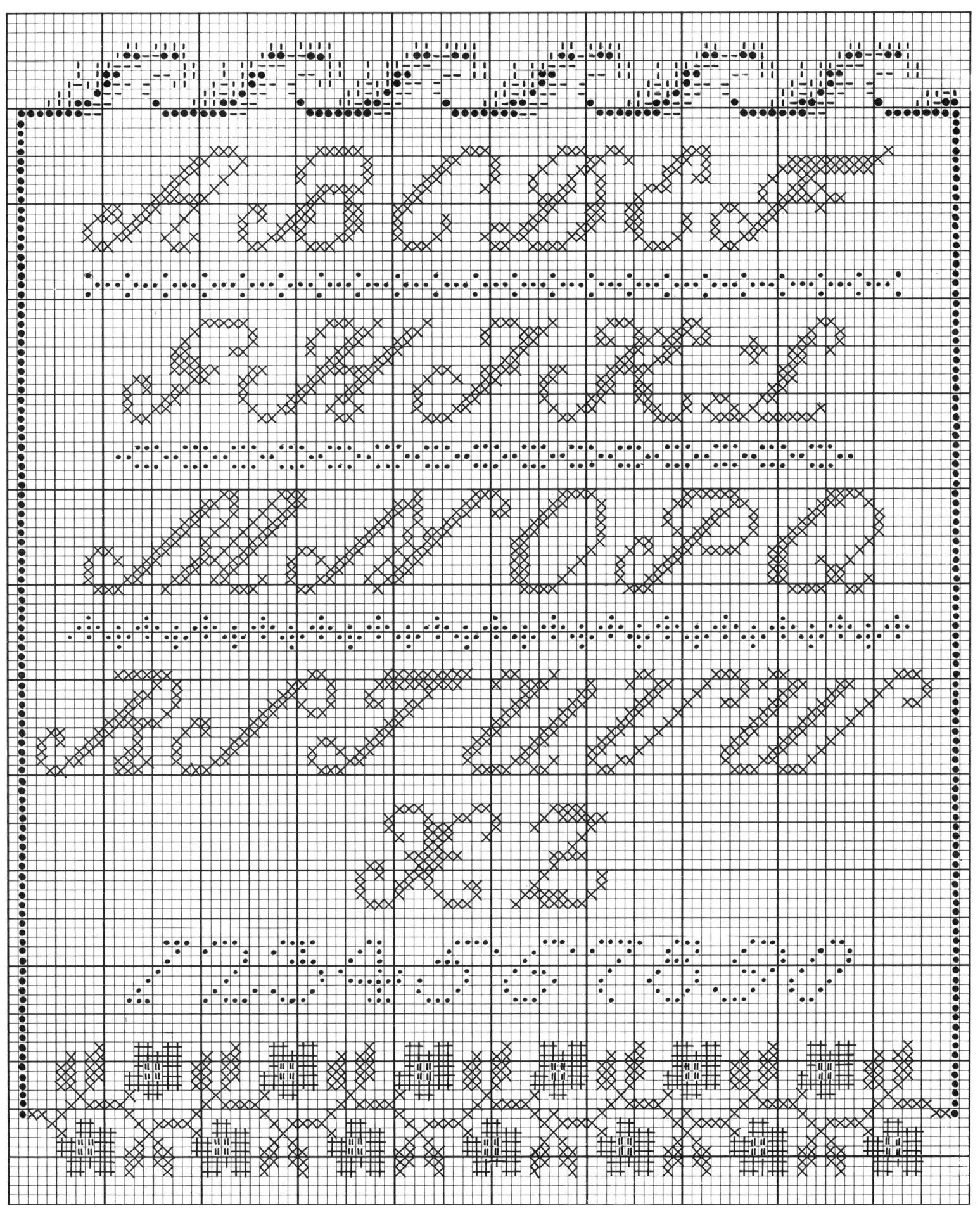

⊠ grün   ⊞ blau   ⏛ hellgelb   ⊡ dunkelbraun   ⊟ hellbraun   ⊞ mittelbraun

Wiener und Berliner Stickvorlagen

Diese beiden Mustertücher sind, wie schon das Beispiel auf Seite 89, nach gedruckten Vorlagen gestickt. Mustervorlagen wurden im 19. Jahrhundert in großen Auflagen auch als Einzelblätter in Wien und vor allem in Berlin gedruckt. Selbst wenn wir den Herstellungsort der Mustertücher kennen würden, wäre er ohne Belang, da die Motivauswahl nicht mehr von regionalen Unterschieden, sondern nur noch vom Zeitgeschmack bestimmt war. Beide Mustertücher sind in winzig kleinen, ganzen Kreuzstichen gestickt. Bei dem oben abgebildeten Tuch ist sogar der gesamte Hintergrund, wie bei einer Tapisserie, voll ausgestickt – für Kreuzstich eine ungewöhnliche Technik. Die Mustervorlagen für dieses Mustertuch dürften zwischen 1870 und 1875 entstanden sein. Das rechte, mit J.C. Meyer signierte Tuch trägt keine Jahreszahl, es dürfte jedoch dreißig bis vierzig Jahre früher – in der Blütezeit des Biedermeier – entstanden sein.

Kreuzstich, Wolle auf Baumwollmusselin, 38 x 38 cm, Sammlung Elfi und Hans-Joachim Connemann, Buxtehude

Linke Seite: Kreuzstich – voll ausgestickt – Wolle auf Stramin, 52 x 52 cm, Sammlung Eva Maria Leszner, Köln

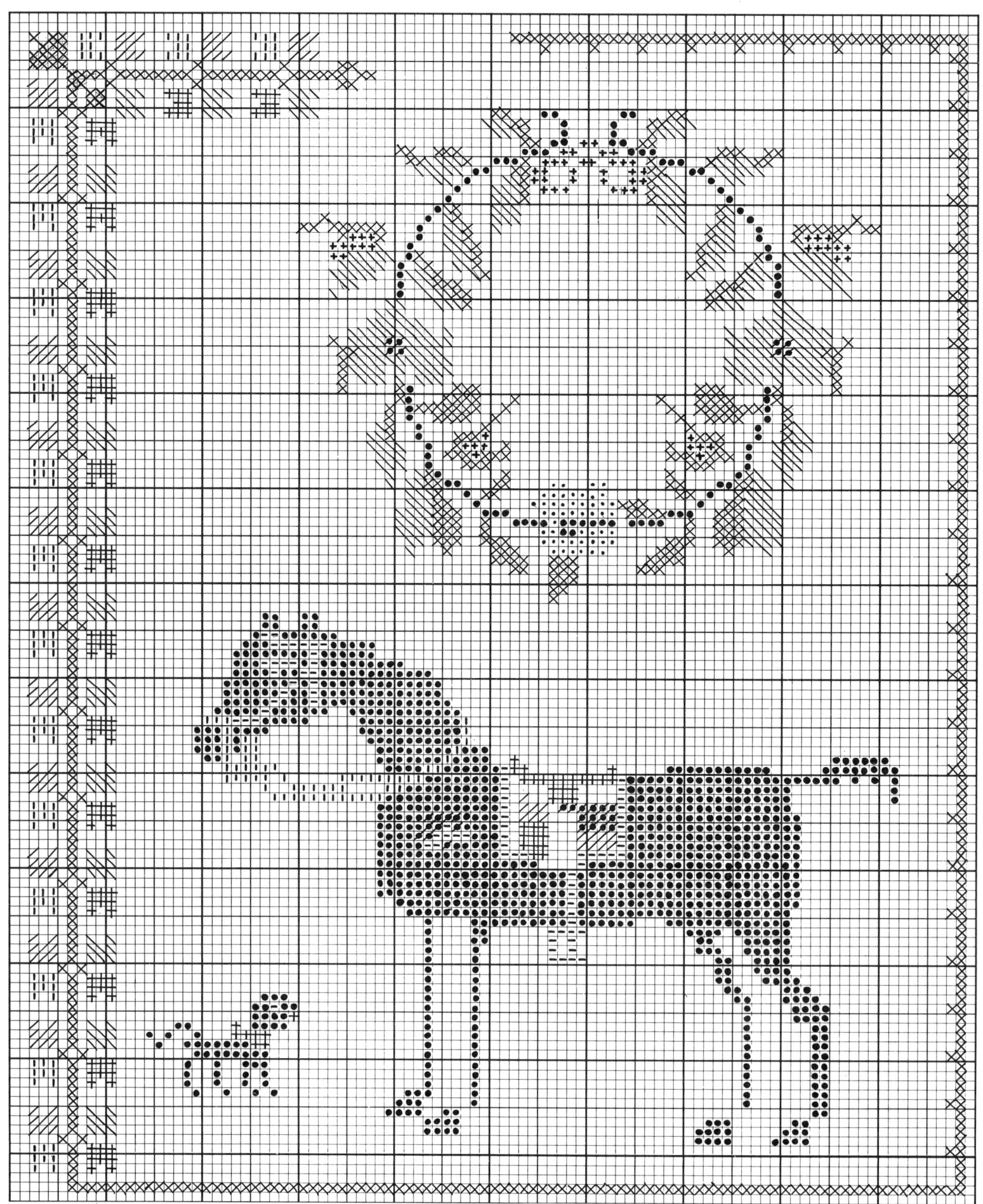

⊠ grün ⊞ rot ⊡ gelb ⊠ lila ⊠ blau ⊟ hellbraun ⊡ braun ⊠ rosa ⊡ grau

Literaturverzeichnis

Brinkmann, Justus, Führer durch das Hamburgische Museum für Kunst und Gewerbe Hamburg 1894, Bd. I

Brinkmann, Justus, Museum für Kunst und Gewerbe in Hamburg, Bericht für das Jahr 1910 im Jahrbuch der Hamburgischen wissenschaftl. Anstalten »Die Namenstücher«.

Gockerell, Nina, Stickmustertücher, München 1980

Großmann, Friedrich, Das Stickmustertuch im 19. Jhd. in »Die Neue Deutsche Schule 16«, 1942 S. 244 ff und S. 292 ff

Großmann, Friedrich, Zur Geschichte der Stickmustertücher in Volkswerk 2.1942 S. 269 ff

Kaufmann, Gerhard, Stickmustertücher aus dem Besitz des Altonaer Museums Hamburg-Altona 1975

King, Donald, Samplers London 1960

Leszner, Eva Maria, ABC-Kreuzstichmuster, Rosenheim 1979

Dies., Monogramm-Stickerei, Rosenheim 1983

Dies., Niederdeutsche Kreuzstichmuster, Rosenheim 1984

Dies., Jahrbuch 1984 Vierländer Kreuzstichmuster, Köln 1983

Zischka, Ulrike, Stickmustertücher aus dem Museum für deutsche Volkskunde Berlin 1978

Museen, in denen Stickmustertücher zu sehen sind:

Altonaer Museum, Museumsstraße, Hamburg-Altona

Bayrisches Nationalmuseum, Prinzregentenstraße, München

Das Stickmuster-Museum, Otto Preuße Weg 2, Buxtehude (Sammlung Connemann)

Museum für deutsche Volkskunde, Im Winkel, Berlin-Dahlem

Museum für Kunst und Gewerbe, Am Hauptbahnhof, Hamburg

Victoria and Albert Museum, London

Das jüngste Stickmustertuch in diesem Buch, Lübeck 1886, Wolle auf Stramin, 50 x 40 cm, Sammlung Elfi und Hans-Joachim Connemann, Buxtehude.

© 1985 ISBN 3-475-52475-9

Dieses Buch erscheint in der Reihe »Rosenheimer Raritäten« im Rosenheimer Verlagshaus Alfred Förg GmbH & Co. KG, Rosenheim.
Es wurde gesetzt bei Typografica GmbH, Rosenheim,
gedruckt und gebunden bei Mainpresse Richterdruck Würzburg.
Der Umschlag wurde gestaltet von Ulrich Eichberger unter Verwendung
eines Stickmustertuchs von 1761 aus der Sammlung Elfi und Hans-Joachim Connemann,
Buxtehude, auf der Vorderseite sowie eines Ausschnitts aus einem Stickmustertuch von 1708
aus der Sammlung der Autorin auf der Rückseite.